管理職3年目の教科書

マネジャー不要時代のリーダー論

櫻田毅
Takeshi Sakurada

東洋経済新報社

はじめに

日本企業の雇用システムが2つの点で大きく変わろうとしています。

1つ目は、「メンバーシップ型雇用」から「ジョブ型雇用」への移行です。これまでの日本企業は、新卒一括採用で事後的に採用者の配属を決める、すなわち、人に仕事を当てはめるメンバーシップ型採用をとってきました。採用後も、異動やジョブ・ローテーションなどによって、幅広い経験をしながら社内人脈を築いていく人事政策です。これは、高度成長期における規模拡大の事業戦略に対応して、年功序列と終身雇用というシステムとともに、企業が人材を丸抱えで確保しようとしてきたシステムです。

しかし、これは日本特有のシステムであり、欧米をはじめとする日本以外の国では、仕事に人を当てはめるジョブ型雇用が一般的です。職種と役職ごとにジョブ・ディスクリプション（職務記述書）で仕事の内容と報酬額が定義されており、その要件に合致する能力のある人材を、新卒、中途の区別なく採用します。採用後も、同一職種内の昇格はあっても、原則として本人の同意なしに他の職種へ異動することはありません。

メンバーシップ型雇用が、人が先にある「適材適所の雇用」で、ジョブ型雇用が、仕事が先にある「適所適材の雇用」だと考えればよいでしょう。

日本企業でも、医薬品業界のＭＲ（medical representative：医薬情報担当者）採用やＩＴ業界のＳＥ（system engineer：システムエンジニア）採用など、一部の専門職に対するジョブ型雇用はありましたが、最近、全社的にジョブ型雇用に切り替える動きが始まっています。

富士通は２０２０年４月、国内１万５０００人の幹部社員に対してジョブ型雇用を適用し、将来的には一般社員にも適用する計画を発表して大きな話題となりました。ＫＤＤＩも２０２０年８月から中途社員を対象としてジョブ型雇用を実施、さらに、２０２１年４月入社の新入社員の４割を、一律の初任給を廃止して職種別に採用することに決めました。三菱ケミカルは２０１７年から約５０００人の管理職に対してジョブ型雇用を導入済みです。

この背景には、第４次産業革命と呼ばれる技術革新による社会変化において、専門性の高い人材の確保なしには企業は生き残ることはできないという経営者の危機感があります。ＡＩ（人工知能）やビッグデータ、ＩｏＴ（モノのインターネット）やロボット化などに代表されるデジタル技術の飛躍的な進化によって起きてくる事業の新陳代謝に対応した競争力を持つためには、高い専門性を有した人材が高い生産性で働ける雇用システムが必要不可欠なのです。

全従業員に対するジョブ型雇用への移行を打ち出している日立製作所も、日本の例外的なメンバーシップ型を世界標準のジョブ型に統一することで、グローバルな人材確保に努めようとしています。

２つ目の雇用システムの変化は、製薬会社や電機メーカーを中心に、黒字であるにもかかわらずリストラを実施する「黒字リストラ」が増加していることです。その対象は50代、60代のベテラン社員にとどまらず、業務の中核を担っている40代にまで拡大しています。日本経済新聞の調査によると、２０１９年に希望・早期退職を実施した上場企業のうち、約６割の企業が直近の決算で「黒字」でした。

２０１８年度の純利益が前期比35%増であったアステラス製薬が約７００人の早期退職を実施。２０１８年度の純利益が２期連続で過去最高益であった中外製薬も、２０１９年４月に45歳以上の早期退職者を募集して１７２人の応募があったとのこと。純利益13%増のカシオ計算機でも、１６０人の社員が早期退職へ応募しています。

黒字リストラの背景も、ジョブ型雇用の導入と基本的には同じです。技術革新による社会変化に伴い事業の大規模な新陳代謝を行うためには、それに対応できる専門性を有した人材とそうでない人材を選別し、足りない人材は社外から採用するという、これまでにないダイナミックな人事政策をとろうとしているのです。

新型コロナウイルスの感染拡大による企業業績の悪化により、従来のコスト削減を目的とした財務体質改善型のリストラが再び増加してはいるものの、年齢に関係なく今後の事業に対応できる能力の有無を基準とした事業戦略型のリストラはますます増えていくでしょう。今後は、環境変化に対応した企業体力を強化するために、赤字か黒字かに関係なく、年齢基準のリストラから能力基準のリストラへと大きくシフトしていくことは間違いありません。

ジョブ型雇用と黒字リストラ（能力基準のリストラ）という2つの雇用システムの変化は、専門性の高い人材を確保するための企業の本気度の表れです。環境変化のたびに人材の配置転換によって何とか乗り切ってきたこれまでと比べて、いまの変化はデジタル技術の進展を背景にしているだけに、圧倒的なスピード感で対応していかなければ置いていかれるという切迫した危機感があります。

そのような社会で働いている私たちの視点からこの変化をひと言で表すと「専門性を基準にした人材価値の再評価」です。企業が社員を丸抱えで面倒を見る代わりに、社員は転勤を含めた異動などの社命に無条件に従うといった企業上位・個人下位の関係が、専門性を必要とする企業とそれを提供する個人といったパートナー関係へと変わっていくのです。

そして、さらにもう1つ大きな時代の流れが押し寄せてきています。ロンドン・ビジネススクールのリンダ・グラットン教授は世界的なベストセラー『ワーク・シフト』（池村千秋訳、プレジデント社、2012）の中で、この先は1つの仕事で生涯を終えるのではなく「専門技能の連続的習得」を通じて自分の価値を高めていくことの必要性を説いています。高スピードで進む技術革新によって、1つの専門性の賞味期間の短期化が起きているのです。

専門性を基準として人材価値が再評価されていくと同時に、必要とされる専門性自体が流動的に変わっていきます。すなわち、時代が私たちに対して、専門性の深さを追求すると同時に、専門性を柔軟に進化・変化させることを求めているのです。

このような環境変化の中で、管理職としてのあなたがチーム・マネジメントの仕事に一定の時間を割きながら、自分自身の専門性をどう高め、どう活用していくのかという点は極めて切実な問題です。

環境が変化しても、チーム・マネジメントという機能と、それを担う管理職という役割がなくなることはないでしょう。しかし、これからの時代は、単に仕事や組織を管理すればいいというだけの管理職は必要とされません。専門的なことはよくわからないから部下に任せるという管理職も不要です。他部署との交渉や部下の育成だけが自分の仕事だと思っている管理職も存在意義を失っていきます。それは、社内で通用する人であっても、どこでも通用する人ではないからです。そのような意識で仕事をしていたのでは、自分自身の人材価値も低下していきます。

環境変化に応じた事業の新陳代謝が加速しているいま、専門性を基準とした人材価値の再評価とともに人材の社内流動性が高まっていきます。会社の壁を越えた社外流動性も高まっていくでしょう。自分と部下たちが社内・社外に関係なく、どこでも通用する市場価値の高い人材として成長していくために、管理職としてのあなたが身につけていくべき力、強化していくべき力が何かをあらためて問い直すときです。

管理職としてのあなたの姿はチームに大きな影響を与えます。あなたが変化に鈍感で古い発想のまま仕事をしていれば、チームもメンバーも旧態依然としたままです。反対に、あなたが率先して変化に適応し、あるいは変化を好機ととらえるような姿を見せていれば、あなたの影響を受けるメンバーの人材価値もチームの存在価値も高まっていくでしょう。

仕事を通して様々な変化を肌で感じている皆さんは、すでに、いま述べたようなことには気づかれているのかもしれません。ただ、そのような問題に気づいてはいるものの「では、どうすればよいのか?」――その答えが見つからないというジレンマにも、突き当たっているのではないでしょうか。身近に参考になるようなロールモデルがないことや、何より正解のない問題であるため、具体的なイメージが湧かないのも無理ありません。

「では、どうすればよいのか?」――この問いに対して、皆さんより少しだけ早く、管理職としての役割を果たしながら「専門技能の連続的習得」によって変化の波を乗り越えてきた、私なりの回答を提示することが本書の目的です。

私は、前著『管理職1年目の教科書』(東洋経済新報社、2018)において、管理職の役割はチームの成果の最大化であること、それを生産性の高いやり方で実行すること、さらに、自分と部下の価値ある人材への成長を実現すべきであるとし、そのための具体的なノウハウを紹介いたしました。

これは、初めて管理職となった皆さんが、しっかりとチームをグリップして、部下とともに会社や社会にしっかりと貢献できるための基本的な仕事力について述べたものです。言い換えれば、いまの仕事で最大の成果を出すための「仕事の書」です。

これに対して、本著『管理職3年目の教科書』は、管理職としてチーム運営の力を磨いてきた皆さんが、劇的に変化していく環境の中で、どのようにして自分自身の人材価値を高めていけばよいのかについて述べています。すなわち、将来的にも価値あるビジネスパーソンであり続けるための「成長の書」です。

私の職業人生は、三井造船（現三井Ｅ＆Ｓ造船）での深海調査船の開発から始まりました。海洋資源の調査や地震の発生メカニズムを解明するための深海調査船が、水深1万メートルという想像を絶する水圧にも耐える構造を、コンピュータによる強度計算や実験を通して設計する仕事です。『かいこう』（海洋研究開発機構所属）と名付けられた深海調査船は、人類史上初めて地球上最深部（マリアナ海溝 水深１０９１１・４ｍ）の映像を地上に届けるなど、多くの成果をあげました。

その後、日興證券（現ＳＭＢＣ日興証券）に転職し、数学を応用した証券市場の分析や合理的な資産運用手法の開発に携わります。これは、金融工学という新しい学問とともに米国から導入されつつあった「クオンツ分析」と呼ばれる生まれたばかりの仕事でした（クオンツはquantitative〔数量的な〕から派生した言葉）。投資開発課長や投資技術研究室長などを歴任しながら、米国のノーベル経済学賞受賞者との共同研究などを通じて、最先端の資産運用手法を日本の機関投資家に提供しました。

さらに、米国の資産運用会社ラッセル・インベストメントの日本法人で、資産運用コンサルティング部長として法人投資家向けの資産運用アドバイスを行う日本チームを率いることになります。のちに執行役ＣＯＯ（最高執行責任者）として米国人ＣＥＯ（最高経営責任者）とともに日本法人の経営にも携わります。

その後、独立して人材開発の分野に転じ、自らの体験に基づいた組織マネジメントやリーダーシップに関わる研修や講演などを通じて、これまで1万人以上のビジネスパーソンの成長支援に関わってきました。

製造業のエンジニアから証券業界の金融工学の分野へ、さらに外資系企業でのマネジメントを経て独立し、講演・研修や執筆を通じた人材開発の仕事に。

周りの人からは、「これだけ違う分野の仕事をよくやってきたね」と驚かれたり、1つの仕事を生涯やり遂げることが美徳だと信じる人たちからは、「一体何がやりたいのか」と首をかしげられたりもしました。

しかし、私は新しいことへ挑戦することの面白さを感じながら、どの仕事に対しても誇りとやりがいを持ち、それぞれの場で自分が持てるものを最大限発揮できたのではないかと思っています。それは、グラットン教授の言う「専門技能の連続的習得」によって、ビジネスパーソンとしての自分の能力を柔軟に新陳代謝させてきたからだと思います。

変化に対しては誰しもが不安な気持ちを抱いています。

しかし、不安を抱えて漫然と仕事に向かっているだけでは何も変わりません。いずれ必ず自分に訪れてくる変化の波に立ち向かうために必要な力が何かを理解し、日々の仕事の中でそれをしっかりと身につけていくことが大切です。

新型コロナウイルスの感染拡大によるリモートワークや、ワークライフバランスといった働き方改革などの動きも、ビジネスパーソンとしての本質的な価値とは何かを、いま一度考えるための機会を与えてくれています。

「どのようにして人材価値の高いビジネスパーソンであり続けるのか?」

このテーマには絶対的な正解など存在しません。本書の内容も、私自身の実体験から紡ぎ出されたものとはいえ、あくまでも一個人の考えです。ただ、独りよがりにならないように、実務の現場で市場価値を高め続けてきた人たちや、変化に対応しながら、自らの手で自分らしくキャリアをマネジメントしてきた人たちの事例も随所で紹介いたします。

読者の皆さんの置かれている状況や考え方、価値観などは一人ひとり異なるでしょう。しかし、情報を迅速に取り込んで、自分たちに合った形で応用していく日本人の技術力や実行力、そこにいる自分を律し高めようとする倫理観や学習意欲は世界的に見ても高い水準にあります。あなたの中にあるこれらの力を発揮して、正解のない問題に対して自分が納得できる答えを見つけ出していただければと思います。

ＡＩやロボット化によって置き換えられる仕事もたくさん出てくる一方で、新しい仕事やビジネスチャンスも次々と生まれてきています。いま起きている環境変化をネガティブにとらえる必要はありません。むしろ、社会の要請に応じて専門性を柔軟に変えていく力を身につけることで、職業人生の可能性と選択肢を広げていくことができる時代がやってきたと、前向きにとらえようではありませんか。

本書が、このような時代を共に生きるあなたが、縁あって部下となったメンバーとともに、より良き職業人生を送っていくための一助となれば幸いです。

目次

第１章

「仕事の高速化&良質化」の時代の管理職

——圧倒的なスピードで成果を出す仕事術

第２章

管理職にこそ必要な「専門性のスクラップ&ビルド」

——不良債権化したスキルは迷わず捨てる

第3章 個人名で勝負できる人だけが生き残る
——「激変の時代」を勝ち抜くための人材価値とは

第4章

「偶然」をマネジメントする技術
——キャリアの大半は偶然の影響を受けている

第5章

「好き」で「得意」なことを「価値転換」する

——常に自分を客観的に評価する視点

第6章 横方向へのリーダーシップ
——スペシャリストはスペシャリストについていく

序　章

これまでの管理職、これからの管理職

──自律型スペシャリストだけが生き残る

再就職できない日系大企業の部長 VS. 3社からオファーが来る外資系企業の本部長

ある製造業の設計部門の部長職を最後に定年退職した久保田さん（仮名）。会社との再雇用契約によって働き続けたのですが、すぐに言いようのないストレスにさいなまれたとのことです。かつて面倒を見た部下たちが気をつかって何かと相談してくれはするものの、どこか腫れ物に触るような態度。部長として決裁権を持ち、仕事を大きく動かすことに醍醐味を感じていた「あのころ」がどうにも懐かしくて仕方ないそうです。

そこで、第二の人生をと転職活動を始めたのですが、待っていたのは厳しい現実でした。転職エージェントを通じて企業が求めるのは、必要な専門性を備えた上でプレーヤーとして即戦力で仕事ができる人材なのです。

久保田さんは、管理職として組織全体のマネジメントや担当役員とのコミュニケーション、他部門との調整などに力を発揮してはいたものの、第一線の実務から遠ざかっていたためプレーヤーとしての腕がすっかりなまってしまっていたのです。いくら幅広い経験で組織をまとめることが得意だとアピールしても、「難しいですね」と告げられるばかりだそうです。

一方、外資系製造業の事業本部長として２００人以上の社員を束ねてきた遠山さん（仮名）。

還暦を機にゆっくりしようと考えて退職を決めます。しかし、その話が社外に伝わると、あっという間に3社から採用のオファーが。

遠山さんはもともと金属工学の専門家で、管理職になってからも製品開発チームをまとめるかたわら、現場の第一線で陣頭指揮をとり続けてきました。

事業本部長になってからは、さすがに実務は部下に任せていましたが、先端の論文を読みながら部下との技術的な意見交換を行ったり、品質チェックの現場に立ち会ったりすることで、「いつでも実務に復帰できますよ」と言えるほどに専門性のレベルを維持してきたのです。

二人とも、高いポジションの管理職として活躍してきたことは共通しているのですが、なぜこのような違いが起きたのでしょうか？

それは、久保田さんが役職が上がるに従ってゼネラリストとしてマネジメントに専念してきたのに対して、遠山さんはチーム・マネジメントを行いながらも専門性を維持してきたという意味では、その分野のスペシャリストだったからです。

いま、世の中が求めているのは、専門スキルがあってプレーヤーとして仕事ができるスペシャリスト人材なのです。

決してプレーヤーの座を手放さない外資系のエグゼクティブたち

遠山さんのようなスペシャリストであり続けようとするビジネスパーソンの姿は、私が勤めていたような米国企業ではごく当たり前のことです。

彼らは、スタッフの時はもちろんのこと、たとえ管理職になっても決してプレーヤーの座を手放そうとはしません。課長だろうが部長だろうが、チーム・マネジメントだけに専念するのではなく、必ず一定の範囲でプレーヤーとしての役割を果たそうとします。

私は米国企業で役員の一人として経営に携わっていましたが、その時でも一人のコンサルタントとしていくつかの顧客企業を担当していました。調査担当の役員も、チームの誰よりも高い調査能力を発揮して質の高いレポートを出し続けていましたし、法務担当役員も、社内で最も高い専門性を有する法律家として、会社を代表して自ら契約交渉に臨んでいました。
彼らがプレーヤーの座にこだわる理由は２つあります。

１つ目は、自分の市場価値を高めるためです。
外資系企業は雇用形態がジョブ型であるだけでなく、昔から黒字リストラが当たり前です。たとえ利益を出している事業であっても、そこへ投下している資本を別の事業で使えばより高い利益を生むと経営者が判断すれば、事業閉鎖およびそこで働いている社員の解雇が検討されます。

特に、人件費とオフィス賃料が世界的にも高水準にある日本では、他国と比べて利益率が低くなりがちです。そこで、営業機能だけを日本に残して、それ以外のバックオフィス機能はもっとコストの安い他国に移すという経営判断も珍しいことではありません。

ある米国系の大手グローバル企業では、世界中の社員の経費精算処理を、英語が通じて低コストのインドの現地企業に、ネット経由で一括アウトソーシング（外部委託）しているそうです。

このように、日本の終身雇用とはほど遠い環境で働く外資系企業のビジネスパーソンたちは、なにが起きようとも、いざとなれば自分を市場で高く売ることができるよう、あくまでもプレーヤーとして打席に立つことにこだわりを見せるのです。

２つ目の理由は、その方が、チームの成果を最大化できるからです。高い水準で仕事ができる自分自身がプレーヤーとして参加することで、チームの成果をより一層高めようとしますし、そもそも、実務に精通していない管理職に重要な局面で的確な判断などできるはずがないと考えています。

もちろん、チーム全体の成果のためには、部下の仕事と成長を的確にサポートすることが不可欠であることも知っており、部下の話をよく聞き、課題を共に解決するための定期的な１on１（ワン・オン・ワン）ミーティングの時間もしっかりと確保しています。私の印象では、彼らは日本企業の管理職以上に部下の育成には熱心でした。

彼らにとって、自分の専門性を高め続けることとチーム・マネジメントは二律背反の関係ではなく、チームの成果を最大化させるためにも、ビジネスパーソンとしての自分の価値を高めるためにも、お互いに良い影響を及ぼしながら両立させるべきものです。

外資系企業の事業本部長だった遠山さんも、おそらく、このような考え方でキャリアを積んできたビジネスパーソンの一人だったのでしょう。

優秀な人ほど専門性が希薄化していく日本企業

これに対して、その時々の状況に応じて人に仕事を割り当てる日本企業特有のメンバーシップ型雇用は、常に専門性の希薄化を起こす危険性をはらんでいます。

たとえば、大企業によく見られるジョブ・ローテーション制度です。3～5年単位で複数の部署や仕事を経験することで、広い視野と総合的な判断力を養いながら社内人脈を築いていくことを狙いとしていますが、一方で、中途半端な専門性しか持たないゼネラリストばかりになってしまう弊害があります。

ローテーションの一環として、専門外の分野の管理職として異動した場合、自分よりも高い専門スキルを持っている部下を前にして、「仕事のことはよくわからないので、皆さんが気持ちよく働けるような環境づくりに注力します」といった「いい上司」を落としどころにしてしまう人たちも出てきます。

さらに、プレーヤーとして優秀な人材が、持ち上がりで管理職に登用されたことを境に、徐々にゼネラリスト化していくという現象もあります。

これは、経営者がそのことを誘導するかのようなメッセージを発することに一因があります。たとえば、「プレーヤーとしては優秀でもマネジャーとしてはダメな人」という一部の現象を、あたかも全員がそうであるかのようにとらえてしまい、新任管理職に対して部下とのコミュニケーションの重要性を強調しすぎること。あるいは、若手社員の離職防止やパワハラ防止に過敏になりすぎて、部下のマネジメントに過剰に時間とエネルギーを割かざるを得ない空気をつくってしまうことなどです。

その結果、高い戦闘能力でプレーヤーとして仕事をする時間が大きく削られ、蓄積してきた専門性が希薄化していくのです。

企業の管理職の方々に「自分の役割は何か」を尋ねると、部下の育成、組織の活性化、部下のモチベーションの向上などの言葉がよく返ってきます。本来、管理職の役割はチームの成果の最大化であり、部下の育成をはじめとする組織マネジメントはそのための手段（もちろん重要な手段）であるにもかかわらず、まず、このような言葉があげられるのがその証左ではないでしょうか。

このような日本企業の特徴は、終身雇用が保証された時代の「会社の中でうまくやる人材」を育てるものです。裏を返せば「どこでも通用する人材」ではないため、久保田さんのように再就職に苦労する人が出てくるのです。役割が違うゼネラリストとスペシャリストは組織にとって両方必要だというゼネラリストを肯定する主張もありますが、これは会社都合の古い考え方であり、決して個人を幸せにするものではありません。

もちろん私は、管理職を否定しているわけではありません。それどころか、管理職の本質的な役割を理解し、そのために必要な力を正しく磨くことが、人材価値をより一層高めることになると考えています。

優秀な人ほど、より高い報酬と大きな権限で組織を動かして、より大きな成果を出すことができる部門ヘッド（管理職）を目指すことは米国企業でも変わりがありません。彼らがマネジャーとしてもプレーヤーとしても質の高い仕事を両立させているのは、前著『管理職1年目の教科書』で紹介しているように、圧倒的な生産性の高さで仕事をしているからです。だからこそ、市場価値の高い人材として評価されるのです。この点は本書の中でも言及していきます。

あらためて強調しますが、ビジネスパーソンとして必要とされる人材であるためには、スタッフか管理職かにかかわらず高い専門性を持ったスペシャリストであることが絶対条件です。

このことは、企業経営のトップに立つ人も同じです。卓越した洞察力や構想力、人間力などによって優れた経営手腕を発揮する経営者は、一見、ゼネラリストのように見えますが、本当に優れた経営者はビジネス戦略策定や組織経営という専門性を徹底的に磨き上げた、唯一無二の「経営のスペシャリスト」なのです。

京セラやKDDIの創業者で、会長としてJALの再建に携わった稲盛和夫氏や、日本ヒューレット・パッカード社長やマイクロソフト日本法人代表、パナソニック代表取締役専務といった経営職を歴任する樋口泰行氏などは、世の中が必要としている質の高い企業経営のニーズに対して、経営のスペシャリストとして応えている人たちです。

「5割は中途採用にする」というトヨタが求める専門人材

さて、久保田さんと遠山さんの話は定年前後のベテラン社員のことでしたが、専門性重視の人事政策は中堅社員にまで及んでいます。

トヨタ自動車は、採用に占める中途採用の比率を最終的には５割にする方針を打ち出しています。豊田章男社長は「自動車業界は百年に一度の大変革の時代に入った」「ＣＡＳＥ（コネクティッド・自動化・シェアリング・電動化）などの技術革新により、新しい競争ルールで、新しいライバルたちと、『勝つか負けるか』ではなく、『生きるか死ぬか』の闘いが始まっている」と、社内外に危機感と改革への覚悟を力説しています。

　これまでの、一括新卒採用後に時間をかけて育成するといった人材政策では間に合わないため、すでに高い専門性を有している人材を即戦力として中途採用するのです。当然、それに見合った報酬体系を整える必要があり、終身雇用、年功序列のシステムは崩れていきます。

　ＮＥＣのように、事業ポートフォリオの組み替えに伴い２０１８年に２０００人強の早期退職者を出した一方で、新入社員でも高い専門性があれば１０００万円以上の年俸を支払うことを公表する企業も出始めています。

　必要な人材への優遇をより鮮明にする人事政策においては、外部採用での競争力を高めるだけでなく、優秀な社員の引き抜きを防ぐために既存社員の報酬体系にも同様の対応がとられてくるでしょう。富士通では高度なデジタル人材に対して、最高で４０００万円を支払う制度を導入しています。

　このような、入社年度や年齢ではなく「専門性の高さ」を基準とした報酬体系は、優秀な人材の取り合いとなって日本企業全体に広がっていくことでしょう。

定年後にどうするかという悠長な話ではなく、現役世代のビジネスパーソンにとっても、所属組織や肩書きに関係なく「自分が必要とされる人であるか？」という問いを、より一層はっきりと突きつけられる時代です。

ジョブ型雇用でも起きる人材のゼネラリスト化

高い専門性の人材を確保するためにメンバーシップ型からジョブ型へ転換しようとする日本企業の人事政策は、実は、グローバルな標準システムに変わろうとしているだけのことです。しかし、注意しなければならない点は、ジョブ型雇用の運営に慣れていない日本企業が、形だけの雇用システムの変更で専門性の高い人材を確保できると誤解してしまうことです。

というのは、これまでのような社内ローテーション人事がなくなったとしても、担当している専門分野で役職が上がっていく人に対して、「マネジメントに注力すべし」という圧力が必要以上に残っている限り専門性の希薄化とゼネラリスト化はなくならないのです。
特に管理職として働く私たちはその危険性をよく認識して、「会社の中でうまくやる人材」ではなく「どこでも通用する人材」として仕事をしていく必要があります。

さらにもう１つ理解しておくべき点は、ジョブ型雇用の人事システムであっても、最初に会社と合意した職種で永久に仕事をし続けることができる可能性は低いということです。ビジネス環境が流動的かつ急速に変わっていく時代においては、企業にとって必要な職種や専門性そのものが変わっていくからです。これまで必要とされていた「ジョブ」がＡＩやロボットに置き換えられたり、その「ジョブ」から撤退したりすることが当たり前のように起きてきます。

みずほ銀行は２０２３年度末までに、事務員の約３割にあたる３０００人程度を資産運用の相談を受け持つ営業に再配置する計画を打ち出しています。デジタル化による事務作業の効率化により、必要とされてきた「ジョブ」が不要になったのです。仮に、事務職の社員が「ジョブ型雇用」で職種を限定されていたとしても、会社が提示する新しい「ジョブ」を受け入れるか、場合によってはリストラに応じるかの判断を迫られるのです。

これは日本だけの問題ではなく世界中のどの国でも起きていることです。たとえジョブ型雇用にシステムが変わったとしても、個人が自分の専門性を柔軟に変化させていけるだけの対応力をつけていくことが求められていきます。

市場価値の高い人材であり続けるための羅針盤

では、将来に向けてどのような専門性を身につけていけばよいのでしょうか。

残念ながら、それを具体的かつ正確に予測することは困難です。

もし、20年後や30年後から「いま」を振り返ってみたときには、おそらく「まだ変化が緩やかな時代だった」と感じることでしょう。それほどに変化のスピードが加速していく中、世の中から必要とされる専門性も同じスピードで変わっていくからです。

たとえば、スマートフォンが巻き起こした世の中の変化が良い例です。

２００７年にアップル社の iPhone が登場して以降、スマホの利用率は２０１８年度には91％まで拡大し（総務省調査）、わずか10年程度で携帯電話市場を制覇します。

スマホの本質は携帯電話ではなく携帯コンピュータに電話機能がついたものです。そこで、スマホを端末として場所を問わずにゲームを楽しんだり、業務処理を外出先で行えたりするアプリケーション市場が爆発的に拡大しました。その世界では従来型の携帯電話の世界で仕事をしてきた人たちの専門性だけでは太刀打ちできず、よりコンピュータ寄りの専門性が要求されます。

たった10年の間に、携帯電話市場で必要とされる専門性が劇的に変わってきたのですが、iPhoneが登場する２００７年以前に、誰がこの状況を予測できたのでしょうか？　たかだか10年先のことを予測することもできないのに、それ以上の未来を予測することなどできるはずがありません。

そして、すっかり馴染みの言葉になってきた「人生１００年時代」です。寿命の長期化とともに健康寿命（健康上の問題で日常生活が制限されることなく生活できる期間）も延びていきます。さらなる定年延長や年金受給開始年齢の引き上げもなされてくるでしょう。「できるだけ長く働きたい」という人たちの思いも重なり労働寿命も延びていきます。

私たちは、「必要とされる専門性が変わっていく時代をより長く働く」ことになります。

いま私たちがすべきことは、不安を抱きながら惰性で仕事をすることでもなく、氾濫している未来予測に振り回されることでもありません。目の前で起きていることをしっかりと見据えながら、人材価値の源泉となる専門性を磨くこと、さらに、時代の変化とともに柔軟かつ効率的にそれを進化・変化させていくこと、そして、その専門性がより高い価値に転換されるような専門性の価値転換意識を持って仕事をすることです。

すなわち、専門性を自らマネジメントできる「自律型スペシャリスト」であるための力を、管理職という立場における日々の仕事の中で鍛えていくことです。

雇用システムがメンバーシップ型からジョブ型に変わっていったとしても、黒字リストラが本格化していったとしても、あるいは、赤字リストラで大胆な人材の選択が行われたとしても、自律型スペシャリストとしての人材価値を維持・向上できる力を磨いていくことで、むしろ変化の波を利用した自分らしい可能性にあふれたキャリアを築いていくことができます。

では、次章以降、そのための羅針盤となる具体的な考え方と行動を紹介していくことにします。

第1章

「仕事の高速化&良質化」の時代の管理職

——圧倒的なスピードで成果を出す仕事術

長期化する職業人生、短期化する専門スキルの習得期間

「一刻も早く力をつけたいんです」

ある大手製造企業に入社したばかりの浅沼さん（仮名）の言葉です。自分が望むかどうかにかかわらず、入社した会社で定年までずっと働くというイメージが持てないとのこと。だからこそ、一刻も早く、どこでも通用する力をつけたいと言い切るのです。

いまの若者の安定志向がメディアで取り沙汰されていますが、浅沼さんのように時代の変化を受け止めて、組織に過度に依存せず自分の力で生きていこうとする若者もいます。この先の長い職業人生を前にした、若い世代の本能的な腹のくくり方ではないでしょうか。

「一刻も早く力をつける」という浅沼さんの言葉は、新人に限らず、すべてのビジネスパーソンがいま意識すべきことを的確に表しています。実際の仕事の経験を通して専門知識やスキルを蓄積していくこと自体はこれまでと変わりませんが、それに要する時間の短期化が余儀なくされているのです。

その理由は2つあります。

1つ目の理由は、テクノロジーの急速な進化です。

2016年、ドイツのスポーツ用品メーカーであるアディダス（adidas）は、労働力の安い東南アジアで手作業で行っていたスポーツシューズの生産を、四半世紀ぶりにドイツ国内で復活させました。「スピードファクトリー」と名付けられた工場にデジタル設計、ロボット製造という全自動工程を導入し、欧州市場への商品投入期間を一気に短縮させるためです。これによって、ドイツでの新製品の企画・設計、アジアでの製造、船便で欧州に運搬という1年以上の工程が、わずか数週間に短縮されました。

この工程が実現できたのは、たとえば、シューズのパーツを製造する3Dプリンターの難点であった製造スピードの高速化（従来比で25〜100倍）、といった技術の進展によるものです。

このように、同じ商品であっても技術の進展によって生産工程が大きく変わってくる時代です。その結果、各工程で仕事をしていた社員たちは、デジタル化、ロボット化に対応した新たな専門スキルを短期間で身につけていくことを迫られるのです。

ちなみに、2019年、アディダスは「スピードファクトリー」の自動化技術を再びアジアのサプライヤーに移管すると発表しました。めまぐるしい変化です。

図表1－1　ヒット商品のライフサイクル

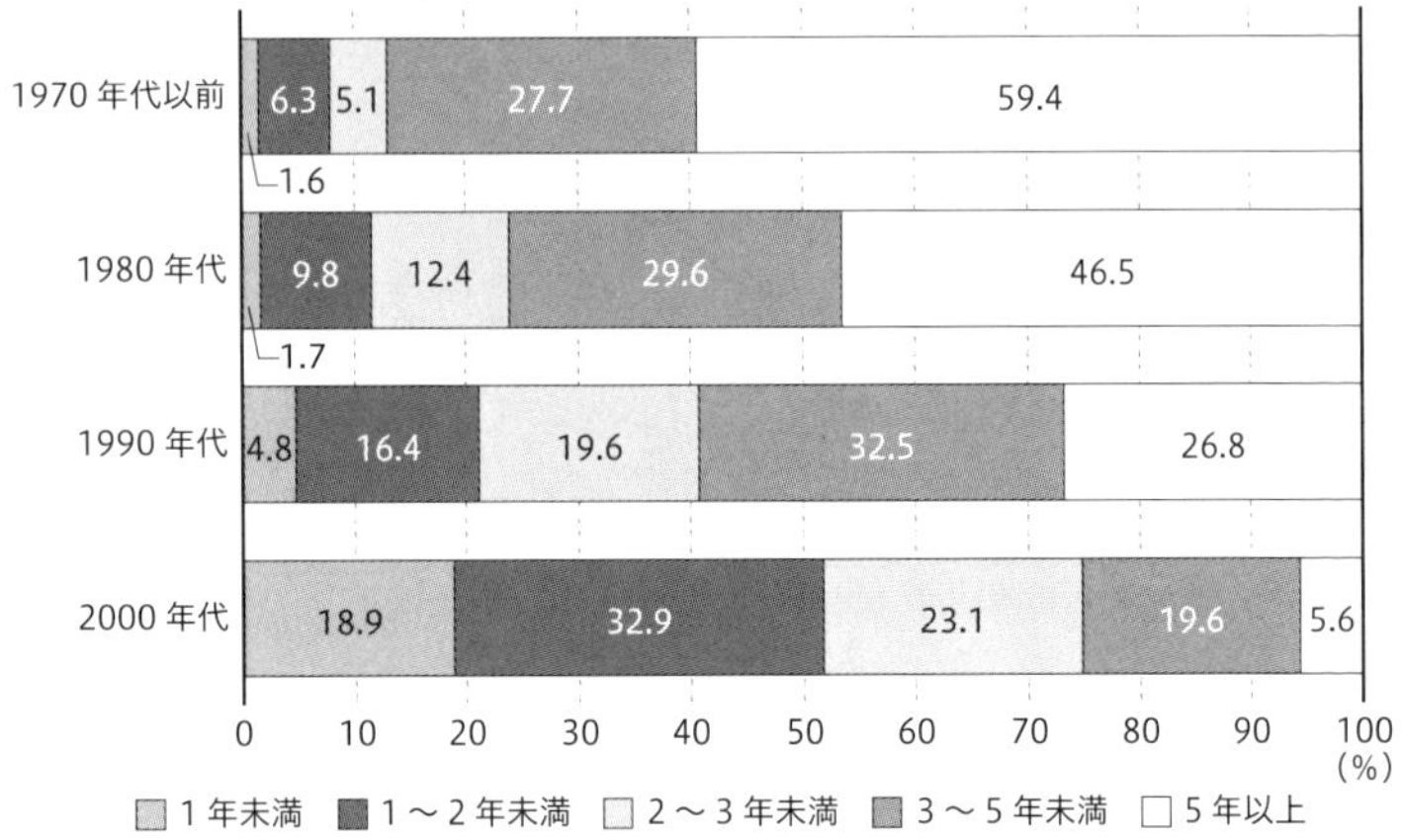

（出所）（社）中小企業研究所「製造業販売活動実態調査」（2004年11月）

専門スキルの習得期間の短期化が求められている2つ目の理由は、商品サイクルの短期化です。

中小企業研究所の『製造業販売活動実態調査』によると、過去に売れていたが現在は売れなくなった商品の「ヒット期間」が、1970年代以降、確実に短くなってきています（図表1－1）。売れなくなった主な理由としては、「同種の商品で、より低価格品が現れた」「顧客志向の変化、ライフスタイルの変化などにより、ニーズそのものがなくなった」「代替品が現れた」などがあげられています。

顧客志向の変化や競合企業の参入による価格低下などは昔からありますが、それらがより短い期間で起きているため、商品サイクルも短期化しているのです。

このような変化に対応していくためには、製品やサービスだけでなく、マーケティングや販売手法などを含めたすべてのビジネス機能が常に最新化されている必要があります。それぞれの機能に必要とされる様々な専門性も、変化のスピードに負けずに進化していかなければなりません。

定年延長や健康寿命の延びなどによって労働期間が長期化していく一方で、専門性を習得するのに許される期間は短期化しています。つまり、私たちは新しい専門性を短期間で習得していく力がなければ、長い職業人生を送っていくことはできないのです。

これは管理職であっても例外ではありません。プレーヤーとマネジメントの両方の役割を担っている管理職にゆっくりと勉強している時間などなく、日々の仕事を通じて高速で学習する力を高めていくことが必要です。

第1章では、どのような立場にあろうとも、スペシャリストとして高い専門性を維持・向上させていくための高速学習について述べていきます。

「仕事の高速化＆良質化」と「学習の高速化＆良質化」

一般的なスペシャリストのイメージは、専門家としての深い知識とスキルによって質の高い仕事ができる人というものでしょう。「技術的に高度なこの案件に対応できるのは彼／彼女しかいない」「このような複雑な問題でも彼／彼女ならきっと解決できる」などの言葉の裏には、どちらかというと多少時間はかかっても高度なレベルのアウトプットへの期待があります。

それらの期待のもと、彼らは質とスピードのどちらを優先させるか、そのバランスをどうとるのかといった現実的な制約を考慮しながら、それぞれの案件に対応してきました。

しかし、これからのスペシャリストには、短期化する顧客志向の変化と競合企業の参入に対応していけるだけの「質を伴うスピード」が求められます。これまでの質とスピードのどちらを優先させるのかという発想から、スピードと質をどう両立させるのかという発想へと変えていく必要があります。

図表1－2 「仕事の高速化＆良質化」と「学習の高速化＆良質化」

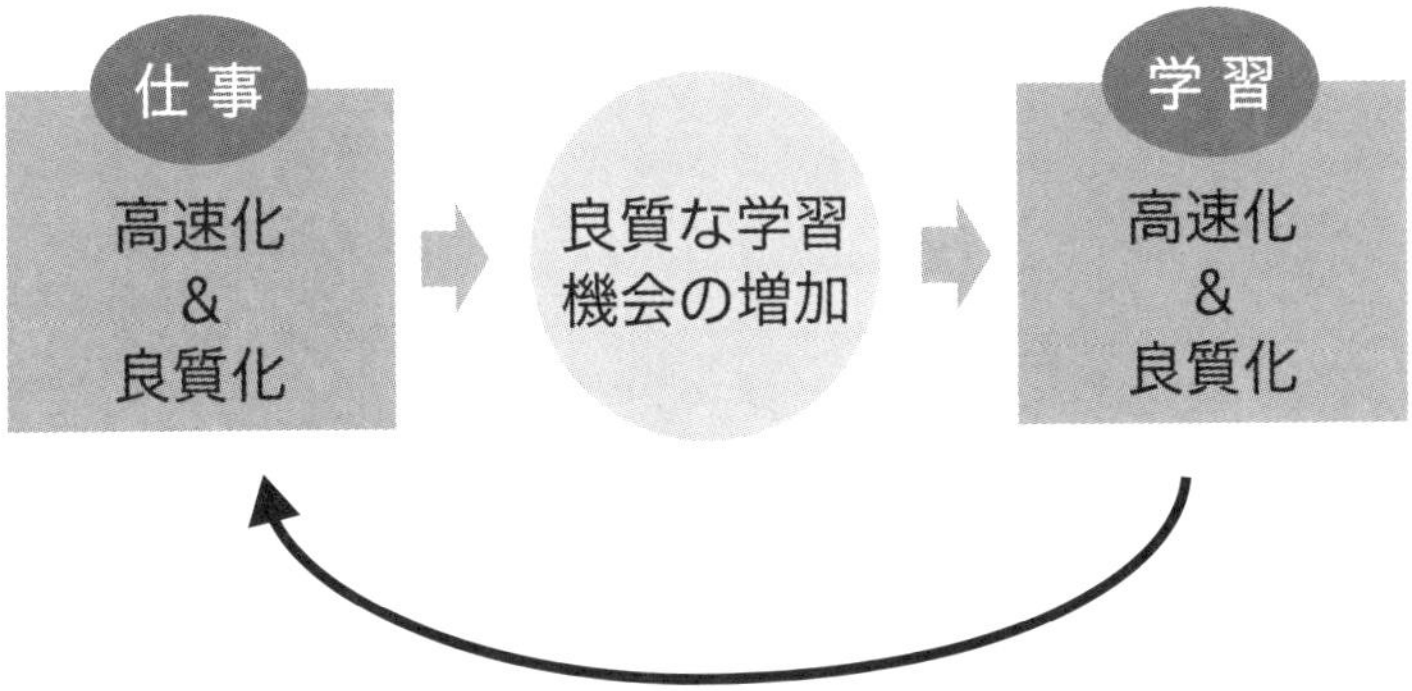

この章の冒頭で述べた環境変化が要求している「専門性の習得期間の短期化」と、いまここで述べた「仕事の質とスピードの両立」という2つのことは、実は表裏一体のものです。なぜならば、私たちは仕事を通して学習するのであり、学習によって仕事の力を高めるからです。

この基本概念を、「仕事の高速化&良質化」と「学習の高速化&良質化」として図表1－2に示します。従来よりも仕事を高速化&良質化することで、それ自体がより多くの良質の学習機会となり学習を高速化&良質化させていきます。学習によって業務能力が高まると、より一層の仕事の高速化&良質化を図ることができ、その結果、仕事の成果も高まっていくというサイクルが回るのです。良い仕事を早くたくさんすればするほど、良い学習機会をたくさん手にすることができ、さらに、より一層、良い仕事を早くたくさんできるようになるということです。

人材価値を決める学習の４つのレベルとは何か

「仕事の高速化＆良質化」と「学習の高速化＆良質化」のサイクルを効率的に回していくためにはどうすればよいのでしょうか？

約５億年前のカンブリア紀と呼ばれる時代に、地球上の動物の種類が一気に多様化、増大化したと言われており、それは「カンブリア爆発」と呼ばれています。

ＡＩ、ビッグデータ、ＩｏＴやロボット化などのデジタル技術の飛躍的な進化による第４次産業革命のいまを、まさに技術と仕事の「カンブリア爆発」と形容する声もあります。そこでは、新しい技術や新しい仕事が爆発的に生まれていくことで、専門性の多様化と細分化が急速に進んでいきます。

「知識」「実践」から「理解」「能力」へと進める

そのような時代に、私たちは仕事を通して専門性を身につけていくことになるのですが、本書ではその過程のことをあらためて「学習」と呼ぶことにします。学習には、図表1－3に示すように4つのレベルがあります。①知っている（知識）、②やっている（実践）、③わかっている（理解）、④できている（能力）です。

一例として、職場でよく指摘される「結論から先に話すべし」という説明のスキルを取り上げてみます。

レベル1の「知っている（知識）」は、人に説明するときには結論から先に話すとよい、ということを人から聞いたり本で読んだりして知識として知っている状態です。

レベル2の「やっている（実践）」は、上司に対する業務報告で「結論から先に言いますと」など、知識を実践に変えている状態です。ここまでは、知っていることをやればいいわけですから、さほど難しくはありません。問題はレベル3以降です。

レベル3の「わかっている（理解）」は、なぜ結論から先に話すことがよいのかを理解しているという状態です。

結論を先に伝えて自分と聞き手との間に共通のゴールを設定することで、その後の会話の

図表1－3　学習の4つのレベル

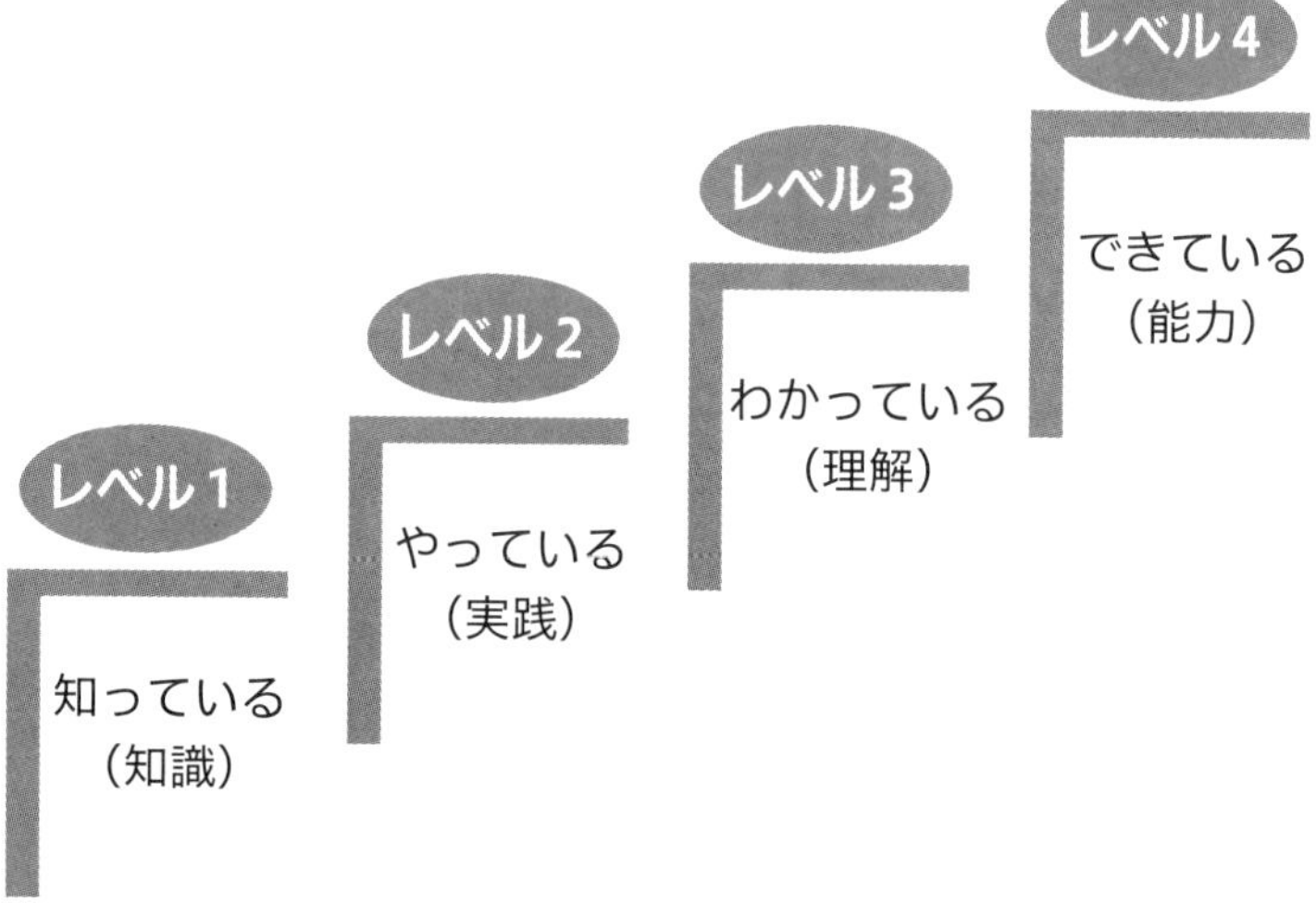

道筋が整備できます。結論へ向けた聞き手の受信感度も高まります。結局、何が言いたいのかという聞き手の不安やストレスも減ります。だから、結論から先に話すのです。

　このことを理解していると、必ずしも結論から先に話すことがふさわしくない場面があることにも気づきます。結論に対して感情的な反発が予想され、最初から聞き手が否定的なスタンスをとる危険性があるときや、あえてゴールを先に提示しないことによって、結論のサプライズやインパクトを強めたいときなどがその例です。

　その結果、「結論から先に話す」

という断片的なスキルを、状況に応じて話す順番を変えることで、より幅広で効果的な説明へと発展させることができることを理解します。

人材として評価されるのは「レベル４（能力）」

ここまでのレベル３「わかっている（理解）」を踏まえて、様々な局面で実際に効果的な説明ができている状態がレベル４「できている（能力）」です。上司への短時間の報告では結論から先に伝えることで論点を早めに共有する一方、感情が交錯しやすい厳しい交渉の場面では、相手に対して十分に敬意をいだいていることを伝えるような話を先に持ってきます。

このレベルに達して初めて「説明能力が高い人」という評価を受けるようになります。

ここでよく認識しておくべきことは、会社や社会が個人の人材価値を評価するときの基準は、レベル４の再現性のある「能力」だということです。何を知っているかではなく、何をやっているかでもなく、また、何を理解しているかでもなく、「何ができるのか」です。学習においては、レベル４に達している「能力」をどれだけ早く身につけるかが勝負となってきます。

なお、通常はレベル１から順を追ってレベル４へと到達していきますが、中には知識を得るのと同時にその意味を理解することができるカンのいい人（レベル1から一気にレベル3に到達する人）もいます。図表1－3の4つのレベルは学習の順番ではなく、あくまでも習熟度の水準をモデル化したものだとお考えください。

ファーストアウトプットを圧倒的なスピードで出す

レベル4の「能力」は図表1－2の仕事と学習のサイクルによって身につけていくのですが、大切なことは最初の1サイクルをとにかく早く回してしまうことです。

2019年の6月に社長に就任した富士通の時田隆仁氏が、『週刊東洋経済（2019年9月21日号）』でこのような話をされています。

「ある銀行向けの商談で中国系のベンチャー企業に競り負けたことがある。彼らは、クライアントから話を受けた翌日に、タブレット上で操作できるアプリの試作品をつくってきた。一方、我々は1週間後にスライドを使って提案しただけだった。いまの富士通に足りないのはスピードである」

この中国系ベンチャー企業は、最初のアウトプット（ファーストアウトプット）を翌日に出すことで圧倒的なスピード感を示しました。おそらく、即座にクライアントのフィードバックを受けて必要な修整を行い、セカンドアウトプット、サードアウトプットを出し続け、1週間後に富士通が初めてスライドを提出したときには、すでにクライアントの要求に高い水準で合致するものに質を高めていたのではないでしょうか。

高速で軌道修正を繰り返して「スピード」×「質」の最大化を図る

ビジネスにおけるアウトプットの価値を決めるのは、最終的な「スピード」×「質」の大きさです。どれだけ質が高くても時間がかかりすぎるアウトプットに競争力はなく、逆に、どれだけスピードが速くても質の低いアウトプットには顧客は納得しません。

そのための最適なアプローチが、中国系ベンチャー企業のように圧倒的なスピードでファーストアウトプットを出すことです。たとえ完成度が十分ではなくても、早期に顧客のフィードバックを受けることで軌道修正をかけ、より早く顧客のニーズに合致したものへとつくりあげていくことができるからです。

図表1－4「質」か「スピード」かの選択から両立へ

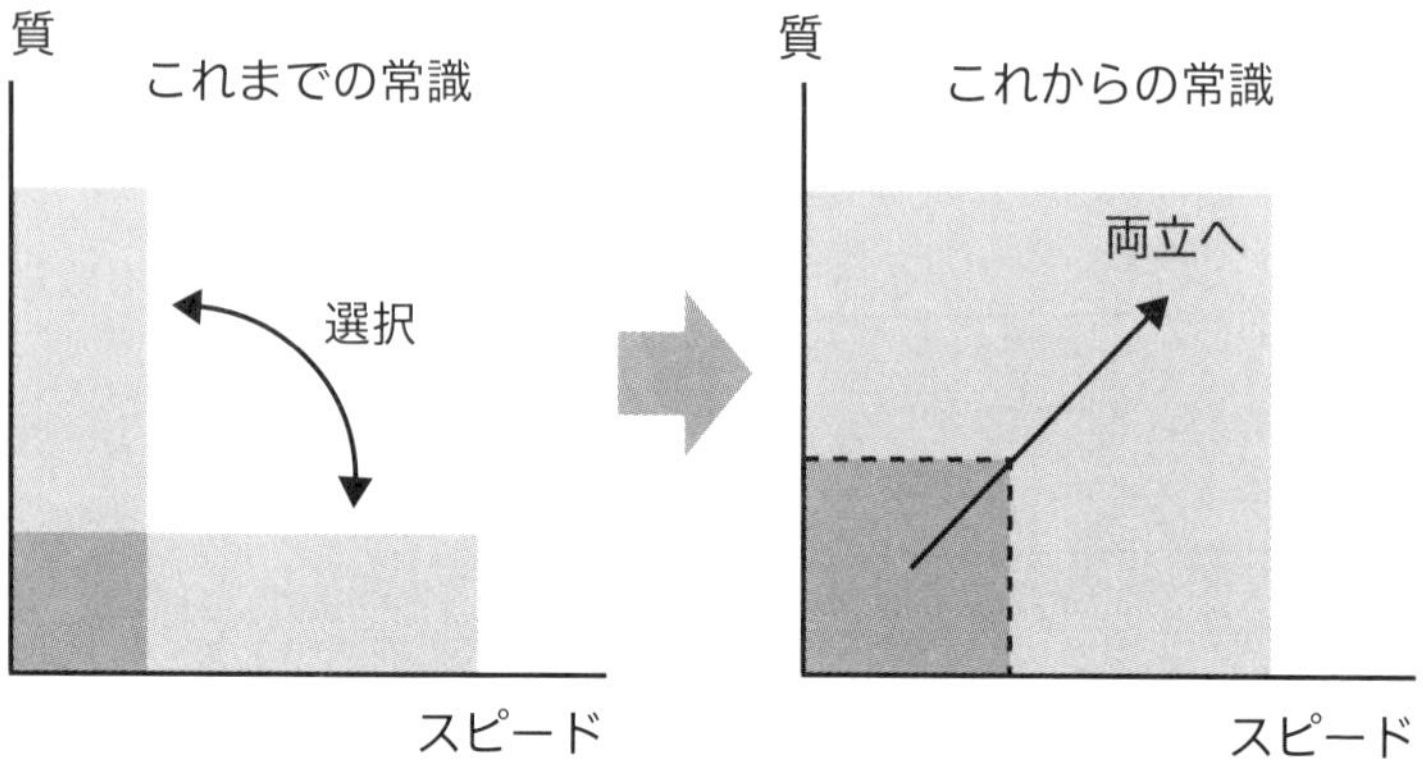

逆に、完成度を気にしすぎてファーストアウトプットに時間をかけてしまうと、その時点でスピードのハンディを負ってしまいます。その後、限られた時間制約の中で質を高めていこうとしても、すでに顧客との間で何度もコミュニケーションを往復させて軌道修正をかけている相手に対して、質の点でも勝てるという保証はありません。最終的に、スピードも質も負けてしまうという残念な結果になってしまいます。

刻一刻と状況が変化していく不透明な環境下においては、自分やチームの能力のすべてを使って一発勝負に賭けるのではなく、まず、ファーストアウトプットを迅速に出したのちに、相手のフィードバックを得ながらゴールへと修正をかけていく方法に軍配が上がります。勝負を決めるのはスタート時点の完成度ではなく、ファーストアウトプットのスピードと修正をかけていく力です。

図表1－4に示すように、「質」と「スピード」は二律背反でどちらを優先させるのかといったこれまでの常識を、スピードを速めることによって最終的な質を高め、「質」×「スピード」の最大化を図るという考え方に変えていく必要があります。

米国企業は「最初の1枚」で磁石のように情報を集めている

私が経験した米国系企業での仕事の進め方がまさにこれでした。

たとえば、社内で何か新しいアイデアを形にしようと思ったとき、発案者はとりあえず「すぐに」メモを1枚作成して「すぐに」関係者と議論する。その場で内容の妥当性を確認して必要な修正を施して、「すぐに」行動に移すというパターンです。

ポイントは、十分な情報がない中で、この最初の1枚をどれだけ早く出せるかです。「何のために、いつまでに、何をやって、その結果何が変わり、ビジネスにどう影響するのか」。

これを、経営戦略や業務方針と整合的な内容で箇条書きにします。内容があいまいだと議論もあいまいなものとなり結論を出せないため、必要に応じてあとから修正することを前提に、担当者の思い込みで断定的に書くことが大切です。

不十分な情報やアイデアでも方向性さえ間違っていなければ、ファーストアウトプットを出すことで、必要な情報やアイデアが磁石のように集まってきます。その結果、1枚のメモが短期間で洗練されたアクションプランに仕上がっていくのです。

外資系企業で優秀だと言われている人たちは、アイデアの提案、問題解決策の策定、新規資料の作成、問い合わせへの回答などのあらゆる場面で、この最初の1枚を圧倒的なスピードで出すことに長けていました。

私も彼らに必死でついていこうとしたことで、徐々に最初の1枚を迅速に出すことができるようになっていきました。転職直後には未熟だった資産運用コンサルティングという専門分野で、このサイクルを高速回転させて大量の仕事をこなすことで良質な学習機会が増え、短期間のうちにコンサルタントとしての専門能力を高めていくことができたのだと思っています。

私の実感でも日本企業の数倍のスピード感がある米国企業には、このような「やるからわかる」という企業文化があります。これに対して「わかってからやる」というのが日本企業の文化です。かつて私自身、日本企業にいたときにはアウトプットの完成度にこだわり、「まだ情報を集めている段階なので、もう少ししてから……」と考えて、ズルズルとアウトプットの時期を延ばしてしまった経験が何度もあります。

転職した米国企業で、「やるからわかる」の精神でファーストアウトプットを迅速に出し、そこに集まってくる情報を取り込みながら質を高めていくやり方を学びました。その方が、圧倒的に「スピード」×「質」の大きさを最大化していくことも実感しました。

このような組織文化をつくることをボトムアップに期待するのは困難です。管理職が自らやってみせて効果を示し、それをメンバーにも求めるといったトップダウンのスタイルが必要です。言い換えれば、スピードと質の両立などのようにメンバーにとっても好ましいことであれば、有限実行を示し続けるトップダウンの力で組織文化を変えることができるということです。

上質のフィードバックで「量質転化」の期間を短縮する

「量質転化の法則」という言葉があります。スポーツや音楽などで、トレーニングの量を積み重ねることで技術の質的な高まりが起きるということ――質を高めたければとにかく量をこなせということです。

技術を高めるためにはトレーニングの量が必要だという点には異存ありませんが、もう1つ忘れてはならないことがあります。技術の向上は「トレーニングの量」だけでなく「トレーニングの質」に影響されるということです。

「トレーニングの質」を高めるために必要なものは「上質のフィードバック」です。

私が講演・研修講師として人前で話す仕事を始めたとき、長年テレビキャスターを務めてこられた「声」の専門家、On Air代表・成田万寿美さんから半年間ほど個人レッスンを受けたことがあります。ある企業の研修担当者の方から、「話の語尾が聞き取りにくい」という指摘を受けたことがきっかけでした。

レッスンの効果は抜群でした。翌年、同じ担当者の方に「どうしたのですか。劇的に改善されていますよ！」と驚かれたほどです。レッスンで最も良かったのは、「何がどう良くて、何がどう悪いのか」という成田さんの率直かつ質の高いフィードバックでした。それを受けて何度もやっているうちに、正しい声の出し方や話し方がその場で身についていったのです。「魅力的な声とは、内面が伝わる自分の声で話すこと」という成田さんの指導のもと、最終的には、語尾を明確にするという当初の目的の何十倍ものスキルを、短期間で手にすることができました。

このように、上質のフィードバックが適切になされることによって、量質転化の学習期間を劇的に短縮することができます。

上司と部下の両方からフィードバックをもらう

私たちは、職場に上質のフィードバックの仕組みを持っておくことが大切です。

私が勤めていた米国企業を始めとした外資系企業の多くには、その仕組みとして1on1（ワン・オン・ワン）ミーティングがあります。最近、日本でも取り入れる職場が多くなってきましたが、週1回、決まった曜日の決まった時間に、上司と部下が30～60分程度行う個別のミーティングです。
1on1ミーティングは定期的に行う人事面談とは違い、日々の仕事のスピードと質をより高めていくための実務的なコミュニケーションです。話し合う内容は、仕事の進め方は効率的か、いま対処している問題の解決方法は妥当か、部下が困っていることや上司がサポートできることはないかなど、仕事そのものをしっかりと進めるためのものです。日常の会話やメールは、どうしてもその場で思いついた近視眼的な内容になりがちなため、あえてこのような時間を設けているのです。

中間管理職の場合は、上司と部下それぞれとの1on1ミーティングがありますが、上司との1on1ミーティングは自分の仕事ぶりに対して上司からフィードバックをもらう良い機会です。フィードバックをもらいたいことを事前に整理して臨むなど、密度の高いコミュニケーションとなるように準備します。

ただし、良いことばかりで悪いことは伝えなかったり、その逆のことをする上司もいますので、普段から率直なフィードバックを自分が望んでいることをはっきりと伝えておき、どのような内容であっても感謝の念でフィードバックを受ける姿勢を示すことで、相手が本音でフィードバックをしやすい雰囲気をつくっておくことも大切です。

部下との1on1ミーティングも同じ考え方で行います。普段から部下の様子をよく観察しておき、たとえ伝えにくいようなことであっても、部下の意見や考え方などを聞きながら丁寧にフィードバックを行います。

同時に、自分のマネジメントを含めた仕事ぶりに対しても、部下に率直なフィードバックを求めるとよいでしょう。管理職として自信がつき、仕事で力を発揮し始めた時期こそ独りよがりになりがちです。自分を誰よりもよく見ている部下のフィードバックは、思いのほか核心を突いています。もちろん、フィードバックを感謝の気持ちで受け止めることで、部下が率直にものを言いやすい空気をつくっておくことも大事です。

1on1ミーティングの目的を部下の育成のためとか、部下の仕事をサポートするためなどと定義している書籍やネットの記事を見かけますが、それらは1on1ミーティングの一面でしかありません。いま述べたように、1on1ミーティングは、あくまでも、両者が力を合わせてより良い仕事をしていくための双方向のコミュニケーションです。

半年ごとの面談といった悠長なものではなく、頻度高く双方のフィードバックを行うことで、チーム全体の「仕事の高速化&良質化」と「学習の高速化&良質化」のサイクルが円滑に回ります。

「頂点」を知る人だけが正しい成長軌道に乗る

スペシャリストとしての専門性を高めていこうとする人が、仕事と学習の良質化を図るために意識すべきことが、「頂点」を知るということです。

以前、あるニッチな分野で最先端の技術開発に取り組んでいる若手エンジニア・町田さん（仮名）と話をしたときのことです。大学の博士課程までの専門がそのまま仕事に生かせており、他にその分野の専門家が少ない社内で、自分の技術力はトップレベルだと自負しているとのこと。上司にも自由にやっていいと言われており、いまの自分の状態に100％満足しているそうです。

彼の姿を頼もしく思いながらも、人材開発のプロとしての本能から、少し意地悪だなとは思いながら次の質問をしてみました。

「では、町田さんは若いのに、この分野では世界一なんですね」

不意打ちを食らったような顔で「えっ、いや、そういうわけでは……」。そこで、世界一が誰なのかを尋ねると、彼は米国の大学教授の名前をあげました。頭の回転の速い町田さんは、この時点で、満足していることに気づいたようです。

仕事の環境や会社からの評価に満足するのはともかく、専門家としての自分に満足すると成長のスピードが鈍化してしまいます。

そこで必要になるのが自分の専門分野の「頂点」を知るということです。「頂点」と比べた自分の水準、すなわち未熟さをあらためて自覚することで、自分が目指すべき姿のイメージを描くヒントとなります。「すごいな！」という憧れの気持ちとともに、少しでも近づきたいという挑戦心も芽生えてきます。野球少年がメジャーリーグのイチロー選手の姿を見て、「イチロー選手のようになりたい。僕も頑張ろう！」と思う気持ちは大人でも同じです。

もちろん、頂点と同じ人になる必要はなく、なぜその人が頂点なのかをよく考え、どの部分で自分は距離を縮めていきたいのか、どこならば自分の個性が生かせるのかなどを具体的に考えるために、頂点を知ることの意味があるのです。

「すごいですね」と言われたら「もっとすごい人がいます」と返す

一方で、頂点を知らないことで自信過剰になり、失敗を犯してしまうことがあります。

私がいま仕事をしている人材開発の分野でも、ネットに掲載されている「いかにも」という情報を鵜呑みにして、自分が主催するセミナーで自信たっぷりに話している人を時々目にします。面白おかしく語るスキルがあれば、一般の人には説得力のある話だと映るかもしれませんが、専門家の目から見れば都市伝説のようなガセネタをつかまされて、間違ったことを話しているのは一目瞭然です。

これは、新しい分野の仕事を始めて間もない人によく見られる、「ダニング＝クルーガー効果」と呼ばれる現象です（コーネル大学のデイヴィッド・ダニングとジャスティン・クルーガーによって提唱）。まだ能力が低いがゆえに自分の能力の低さを客観視できないにもかかわらず、新しい知識を急速に吸収したことで気持ちの中に優越感が宿り、本来の実力とはかけ離れた自信を持ってしまうのです。

「ダニング＝クルーガー効果」は、その後、経験と学習を積んでいくにしたがって未熟さに気づき一度自信をなくすものの、自分のレベルを正確に理解することで実を伴う成長が始まり、本当の自信を持つことができるとしています（図表1－5）。

どのような仕事でも、「ある程度できるようになってきた」という手応えを感じ始めたころが最も危険です。そのようなときにこそ、「頂点」を知ることで客観的なモノサシを手にできれば、未熟な自分を冷静に自覚することができます。

図表1－5　ダニング＝クルーガー効果

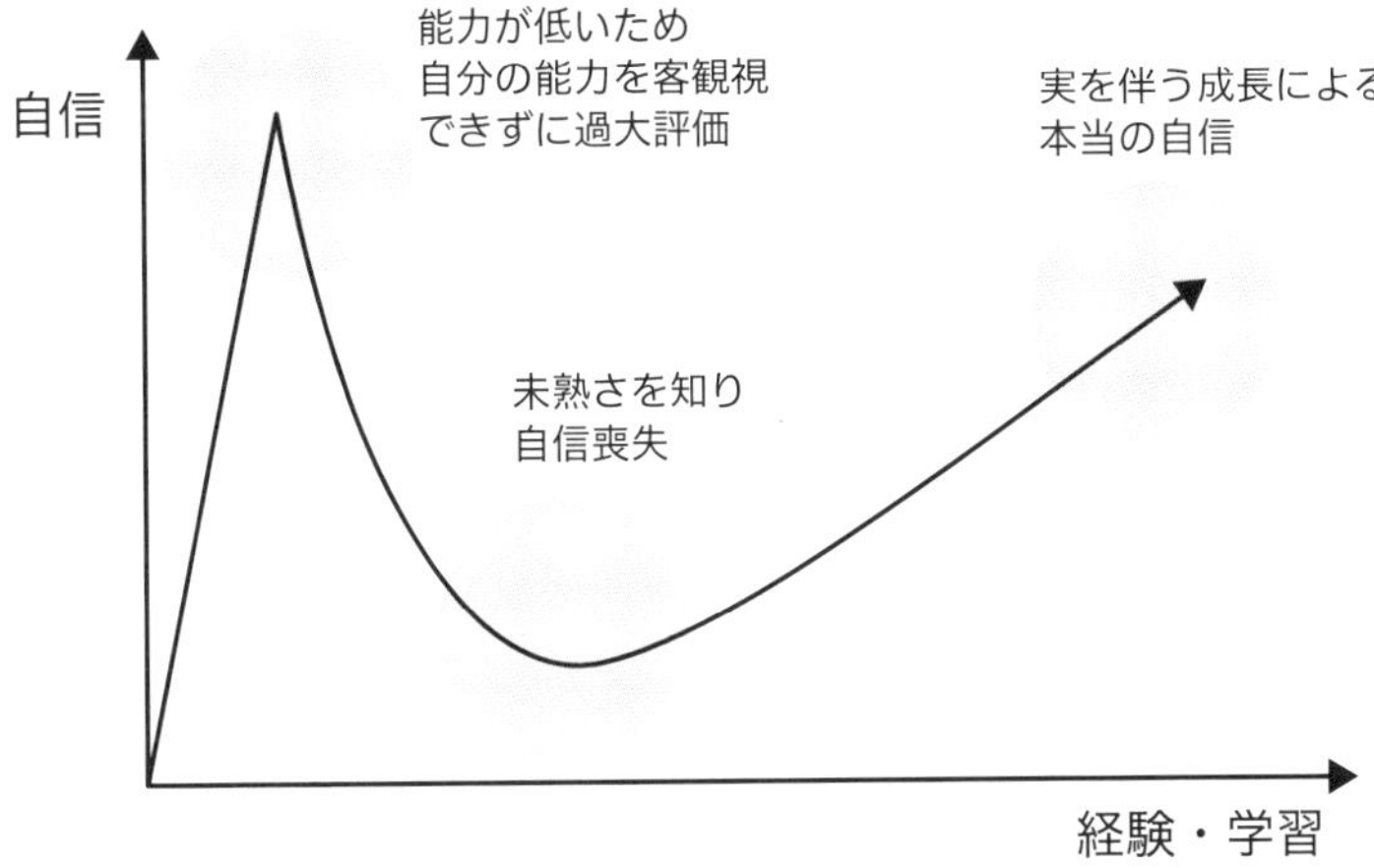

（出所）池谷裕二著『できない脳ほど自信過剰　パテカトルの万脳薬』などを参考に著者作成

セミナーで失敗していた人もトップクラスの講師に触れる機会があれば、その人を基準にして自分を振り返ることができるはずです。トップクラスの人は、飛びつきたくなるような情報ほど恣意的にゆがめられていることを知っているため、必ずその裏をとろうとします。「話ができすぎていないか？」という危険察知センサーが働くのです。そのようなプロとしての仕事への取り組み方に触れて自分の未熟さに気づくことができれば、そこから良い形での成長が始まり、本当の自信を得ることができるでしょう。

中学生でプロの将棋棋士となり、

永世竜王、永世棋王などのタイトルを手にしてきた渡辺明九段も、著書『勝負心』（文藝春秋、２０１３）の中で頂点に触れることの大切さを述べています。

「どの世界でも本物に触れることで、自分の目と心を養うことが大事だ。棋士で言えば、トッププロ同士の棋譜をたくさん並べることで、その技術をいかにわがものとするかがカギを握る。修業時代にどれほど多くの名局を並べたかが、その後の将棋観に大きく影響してくる」

世の中には、自分の能力水準を勘違いして、人から「すごいですね」と言われようものなら舞い上がってしまう人もいます。しかし、少なくとも私たちは、人から「すごいですね」と言われたときには、「もっとすごい人がいますよ」と返せるような「頂点」を知っておきたいものです。

「ものすごくできる人」を探して教えを請う

では、頂点を知るためにはどうすればよいのでしょうか？

上司や先輩など、職場に頂点だと思える人がいれば、彼らの仕事の進め方や日頃の言動をよく観察すればよいでしょう。ただし、学び方によって学習効果に大きな差が出ます。漫然と観察するのではなく、自分に問いを投げかけながら観察することが大切です。

たとえば、

・なぜ、あの人はいつも先端の情報を知っているのだろうか？
・なぜ、あの人は問題の本質を指摘できるのだろうか？
・なぜ、あの人の意見はいつも通るのだろうか？
・なぜ、あの人は次々と解決策を出せるのだろうか？
・なぜ、あの人は人と違った視点からアプローチできるのだろうか？

人は質問されると頭の中に空白の回答欄をつくります。回答欄を見つけると脳は答えを探そうとします。それによって学習アンテナの受信感度が高まり、知りたいことにピンポイントで気づくようになるのです。

仕事そのものを変えていく「できる人」たち

証券会社での私の仕事は、数学や統計を応用した金融工学という新しい学問を利用して、証券市場の動向分析や資産運用手法の開発を行う「クオンツ分析」というものでした。転職して数年後に、課長としてチームを預かることになったときのことです。スタッフとして成果を出すのと、管理職として技術者集団のチームの成果を最大化するのとでは考え方が違うのではないか？　と思ってはみたものの、新米課長として何をどうすればよいのかさっぱりわかりません。そこで、分野は違っても社内で一目置かれている、「ものすごくできる」管理職の人たちに頭を下げて教えを請いに行きました。

できる人は、なぜできると言われているのか？――彼らの業務戦略や組織運営論を聞かせてもらいながら、次のようなことに気がつきました。

彼らは、前任者から引き継いだ仕事や、業務分掌に書かれている役割がすべてだとは思っていない。管理職として与えられた役割を果たすのは最低限の責任であり、その上で、会社の発想を超えるようなレベルで新しいことに挑戦し、仕事の内容そのものをダイナミックに変えていく——そう考えて仕事をしているのです。

新しいゴールを自分でつくり出し、関係部署に働きかけて協力を求め、担当役員や企画部門を動かして必要な部署を新設することも、当たり前のように行っていました。

そこで結果を出すことでより上位のポジションを手に入れ、仕事をますますダイナミックに展開していく——だから、「できる人」だと言われているのです。私が思っていた管理職の役割をはるかに超えて仕事をしている彼らの話を聞き、私のウツワがいかに小さかったかを思い知りました。

自分の会社しか知らない人は、自分の会社のことを知らない

社内だけでなく社外にも学習機会を求めることができます。技術系の仕事をしている人は、学会や業界内の技術交流会などがあるのではないでしょうか。私も、そのような場で「これぞ」と思う人を見つけて積極的にアプローチしていました。

私が証券会社で管理職になってしばらくたってからのことです。クオンツ分析に関する理論的な手本は米国にあったので、当面はそれをトレースすることでよかったのですが、日本

の証券会社として日本のビジネスを対象とした場合、どこに焦点を当てて、どのような人材と体制で取り組むべきなのか？――この点については、私は自分の会社で見た範囲のことしか知りません。

そこで、同じような役割を担っている競合他社の該当部署を探し出して、意見交換を申し入れたのです。どの会社も太っ腹で、「ぜひに」とのことで受けてくださいました。

この交流はとても価値がありました。既存組織の強みをどう生かしているのか、まだ新しい金融工学関連の部署が、営業を始めとした伝統的な他部門とどう連携しているのか、ビジネス的にどこに焦点を当てようとしているのか、どの程度の力のある役員の傘下に置かれているのかなど、単に勉強になっただけでなく、他社を知ることで自社を客観的に見ることができたのです。

自分の会社であるにもかかわらず見えていなかったことが、他社と比較することによってあらためて浮き彫りになってきた、というより、私が自分の会社のことをいかにわかっていなかったかということに気づきました。自分の会社のことしか知らない人は、実は自分の会社を知らないのです。

チームの責任者である管理職にとって、これは極めて重要なことです。自分のチームしか知らない管理職は、実は自分のチームを知らないのです。環境が日進月歩で動いている時代においては、管理職が自らの目で外の世界を見ることによって、自分たちの本当の力量や、強みや弱みを自覚することが大切です。

管理職に必要な視座（ものを見る目の位置）とは、しゃがんで部下と同じ目線になることだけではありません。ときには思いっきり背伸びをして外の世界を見ることが必要です。臨機応変に視座を動かす屈伸運動によって、チーム運営における企画力や判断力に深みが増していきます。

日本にはない米国大学教授のビジネス感覚

海外に目を向けると、頂点人材との接触機会は大きく増えます。ただ、その場合は個人的な努力では限界があったりビジネス上の関係に配慮する必要があるため、会社を通して仕事として行った方がうまくいきます。

かつて、２週間ほど米国に出張して、金融工学の最先端にいる大学教授の方々に会いに行ったことがあります。会社としても、新分野の一線級の人材との接点を増やしながら、ビジネス的な連携の可能性を探っていた時期でした。

強く印象に残ったのは、彼らの専門性の深さはもちろんのこと、自分の研究成果を実務に適用させようとする強い情熱です。自分の理論のどこに特徴があり何を解決しようとしているのか、実務的にどこまで適用可能なものになっているのか、あわよくば、それでビジネスを起こせないかなどを熱く語ってくれました。

この刺激的な経験を通して、金融工学が米国でもホットな学問であるだけでなく、その周りにはビジネスチャンスがあふれていることにあらためて気がつきます。金融工学を活用したクオンツ分析という仕事をしている私自身のモチベーションもより一層高まりました。

このように私は、社内・社外、国内・海外のタテ・ヨコ・ナナメのあらゆる関係にある一線級の人たちと接することで、自分の未熟さを知りながらも自身の成長やチーム運営のためのヒントをたくさん手にしてきました。造船設計のエンジニアから金融工学のエンジニアへと比較的短期間で移行でき、しかもそこで課長としてチーム運営を行ってこられたのは、たくさんの気づきを与えてくれた彼らのおかげです。

最弱のアウトプットを最強のインプットに変える方法

図表1－3に示した学習の4つのレベル（知識、実践、理解、能力）で最も溝ができやすいのがレベル2の実践とレベル3の理解の間です。知識としてインプットしたことを実践しているのだが、うまくいくときとうまくいかないときがあり壁にぶつかっている状態です。

通常は実践を繰り返して経験が増えることで体感的に知識の本質が理解でき、応用力がついてきます。ただ、どうせなら、その期間も短縮させたいものです。

そのために効果的な方法が「人に教える」ということです。

「ひと言」で言えなければ理解したことにならない

たとえば、

A「プレゼン資料は1枚にたくさん内容を盛り込むのではなく、1枚に1つのメッセージ

（one page, one message）が原則だよ」

Ｂ「なぜ？　枚数が増えて効率が悪いじゃない」

Ａ「……」

話していることが人の話の受け売りでしかないと、Ａさんのようなことが起きます。人に正しく教えるためには知識だけでなく、その背景や本質を理解していることが必要なのです。聞き手は小さなまとめを繰り返すステップ・バイ・ステップの説明の方が理解しやすいこと。その瞬間に集中してもらいたいこと以外の情報はノイズになること。そもそも、資料は補助情報であり、話し手の自分に意識を向けてもらいたいこと。たとえば、このような根拠をＡさんが理解していれば、Ｂさんの質問に適切に回答できたでしょう。

私がいまでも鮮明に覚えている中学校時代の授業があります。柔道部の顧問をしていたずんぐりむっくりの時田源治先生の数学の授業です。時田先生のことを私たちは親愛の情をこめて「源さん」と呼んでいましたが、源さんは授業中によく、「ここまでのことはわかったか～？」と生徒たちに確認をとっていました。私たちが適当に「わかりました～」などと答えようものなら、間髪を容れずに「何がわかったのかひと言で言ってみろ。おい、櫻田」などと返ってきます。しどろもどろになっていると「わかってないじゃないか」と突っ込まれ

図表1－6　アウトプットは最強のインプット

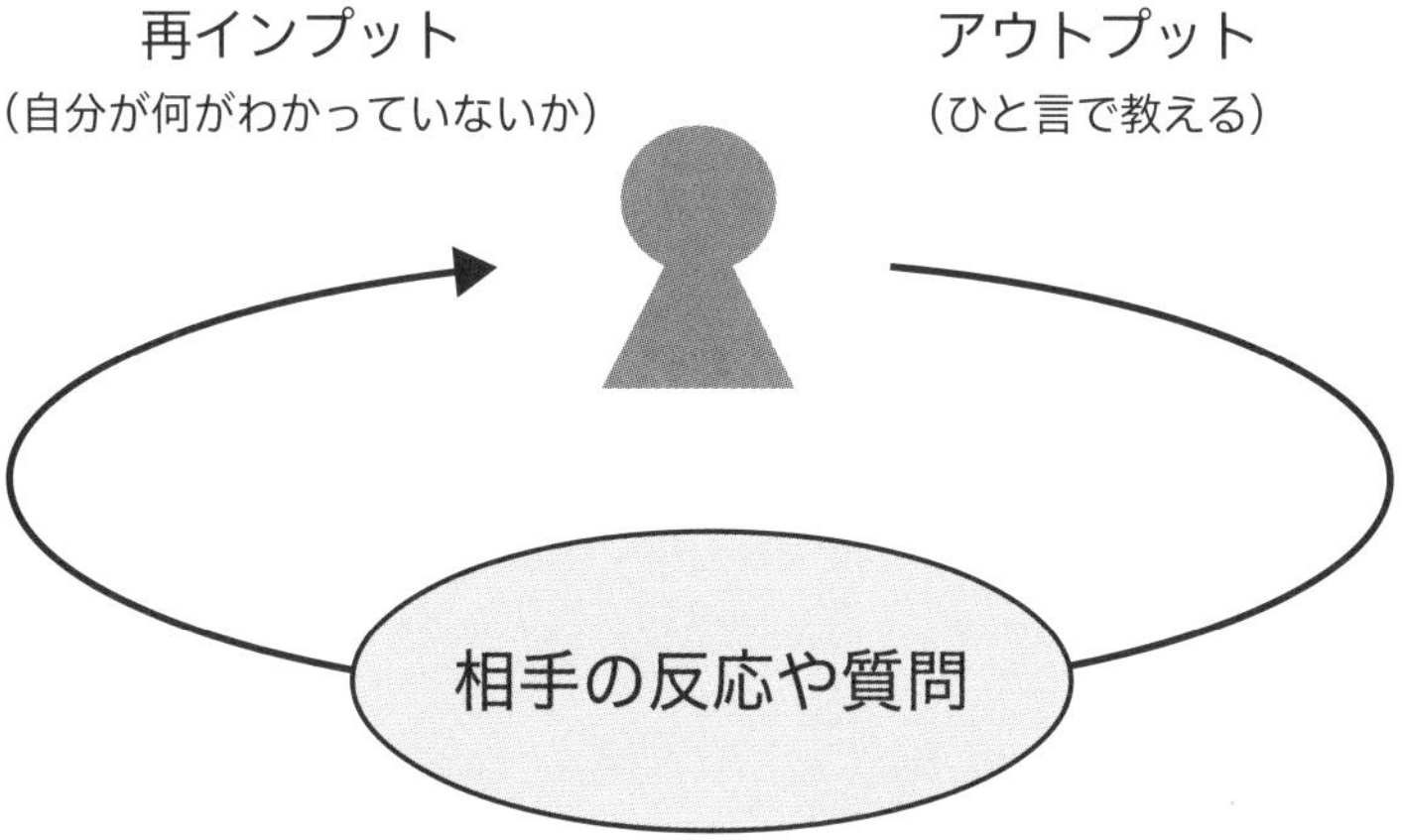

ます。

このときの「学んだことをひと言で言うことができて、初めてわかったと言う」という源さんの教えは、その後の私の学習スタイルに大きな影響を与えます。正しく理解したかどうかを自分で確認するために、「これをひと言で言うと……」と、必ず自分の言葉で言ってみることが習慣となっているのです。

学んだことをひと言で言ってみる、そのひと言で人に教えてみる——このような行為は、自分が何が理解できていないのかを否応なしにあぶり出します。それは、より正確に理解するための貴重な情報を手にしたことに他なりません。先ほどのAさんも、Bさんとの会話でそのような情報を得ているはずです。

うまく説明できなかった最弱のアウトプットが、より理解を深めるための最強のインプットになるのです。人に教えているときは、実は自分が一番学んでいるのです（図表1－6）。学習レベルを「理解」「能力」に短期間で高めていくためには、ひと言でまとめて人に教えてみることが効果的です。

人に教えると自己効力感が高まる

最初はうまく教えることができなくても、本質を理解しながら話せるようになると、「教える」ということのもう1つのプラスの効果が現れてきます。「自己効力感」が高まるのです。

自己効力感というのは、「自分は、ある状況において必要な行動をうまくとることができる」という自分自身に対する肯定的なイメージです。「自分はできる」という良い意味での思い込みであり、セルフ・エフィカシー（self-efficacy）と英語のまま使われることもあります。

ダニング＝クルーガー効果の罠にはまらないように気をつけながらも、自己効力感が高くて「自分はできる」と思っている人の方が、自己効力感の低くて「自分には無理だ」と思っている人よりも、変化に対応しながら結果を出す可能性が高いと言われています。

このことを踏まえて、米国グーグル社は、社員同士がお互いに教え合う「Ｇ２Ｇ（Googler-to-Googler）」という相互教育システムを導入しています。提供されているクラスは、交渉力、リーダーシップ、セールストレーニング、Python（パイソン：プログラム言語の１つ）のコーディングなど多岐にわたり、すべてのクラスが社内のボランティア講師によって運営されています。社員が自分の時間を割いて他の社員のスキル向上をサポートしているのです。

グーグル社で人材開発や組織開発の業務に携わったピョートル・フェリクス・グジバチ氏は、Ｇ２Ｇの効果を著書『ニューエリート　グーグル流・新しい価値を生み出し世界を変える人たち』（大和書房、２０１８）の中で「人は自分が知っている情報・やり方を他人に教えることで、『自分はできる人間だ』という効力感を高めます」と述べています。

私の経験からも、上司／部下、先輩／後輩に関係なく、お互いに教え合う文化のあるチームはメンバーの成長も早く、活力のあるチームワークで結果を出しているように思います。

第2章

管理職にこそ必要な「専門性のスクラップ&ビルド」

――不良債権化したスキルは迷わず捨てる

NASAからウォール街に転身したロケットサイエンティストたち

第1章で述べたように、テクノロジーの急速な進化と商品サイクルの短期化により、新しい専門スキルの学習に要する期間が短期化しています。同時に、自らの専門性に責任を持ちながらスペシャリストとしての人材価値を維持・向上させていくという、自律的な専門性のマネジメント力が求められています。

しかし、やみくもに新しい専門性に挑戦すればよいというわけではありません。新人や業務経験の浅い若手社員は別として、中堅社員や管理職クラスになると、仕事を通じて蓄積してきた専門性があるはずです。自分の能力の可能性と限界の両方を視野に入れながら、机上の空論ではない現実的な専門性のスクラップ&ビルドを考えていく必要があります。

時代の変化を受け止めて専門性を柔軟に変化させ、新しい分野で高い人材価値を発揮してきた人たちの例があります。1980年代の金融・証券界に現れたロケットサイエンティストと呼ばれる数学者や物理学者たちです。

合計6回の有人月面着陸を成功させた米国アポロ計画の終了や東西冷戦の終結によって、行き場を失った軍事・航空宇宙工学の技術者たちが次の職場として選んだのが、世界の金融・証券センターである米国ウォール街です。彼らは証券投資の世界に数学・統計学や物理学、コンピュータ技術などを持ち込んで金融工学という新技術を生み出します。それを用いた計量的な市場分析や資産運用が、現在、クオンツ分析やクオンツ運用と呼ばれているものです。

NASA（アメリカ航空宇宙局）からウォール街への革命的な技術移転によって、特別な情報を人より早く仕入れることで勝負してきた証券投資という分野が、数学的な理論とコンピュータによるデータ分析で勝負する分野へと大きく変わっていきます。

複数の「専門要素」から構成される「専門性」

彼らの専門性のスクラップ&ビルドを振り返ってみますが、まず、「専門性」がどのようにして成り立っているかを押さえておく必要があります。

一例として、「ロケットの弾道計算」という専門性を取り上げてみます。その専門性を発揮するためには、軌道力学や数学・統計学、コンピュータ技術、推進工学などの専門知識やスキルが必要です。

　このように「専門性」は複数の専門知識やスキルの集合体として成り立っており、本書では専門性を構成する1つ1つの専門知識やスキルを「専門要素」と呼ぶことにします。複数の「専門要素」によって構成された弾道計算という「専門性」が、宇宙開発という「ビジネス分野」で使われているのです（図表2－1）。

　同じように、数学・統計学、コンピュータ技術、証券投資論といった専門要素（まとめて金融工学）から成るクオンツ分析という専門性が、証券投資というビジネス分野で使われているという構造です。

　ビジネス分野、専門性、専門要素の3つの階層をあらためて定義すると次のようになり

図表2－1　専門性を構成する専門要素

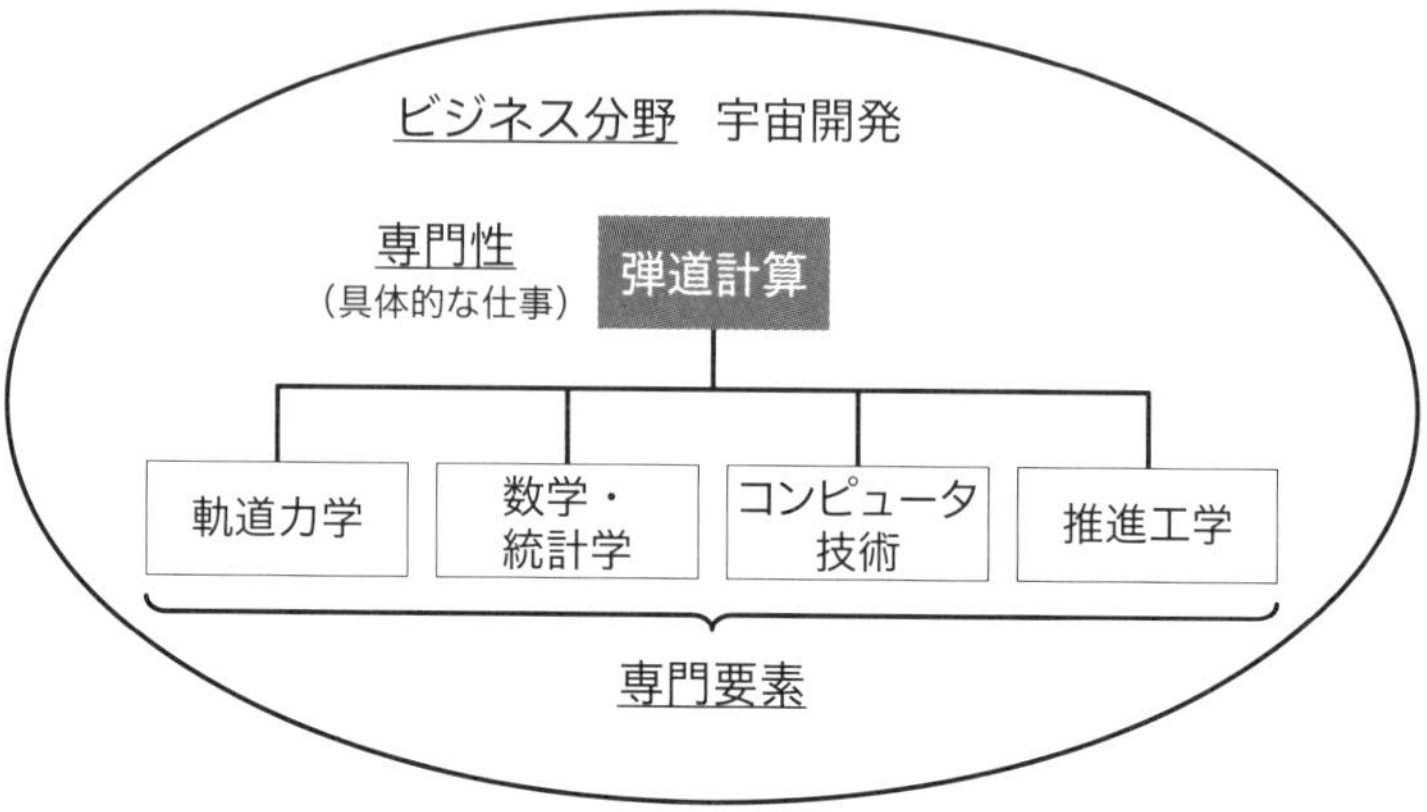

ます。

・ビジネス分野：最終的に価値提供されるビジネスの場。

・専門性：価値を生み出す具体的な仕事の能力。弾道計算のスペシャリスト、クオンツ分析のスペシャリストのように「○○のスペシャリスト」と表現できる。

・専門要素：専門性を構成するより細かい知識やスキルのこと。数学、コンピュータ技術などのように「○○学」、「○○技術」などと表現される。

このような、「ビジネス分野」「専門性」「専門要素」の階層構造を踏まえた上で、ロケットサイエンティストたちがやってきたことを整理してみます。

成功の要因は「専門要素」をブリッジに専門性を再構築したこと

彼らは、弾道計算という専門性を構成する専門要素のうち、「数学・統計学」「コンピュータ技術」の2つを証券投資というビジネス分野へブリッジとして持ち込みます。そこで、

図表2−2 「専門要素」をブリッジに「専門性」を再構築する（ロケットサイエンティストたちの例）

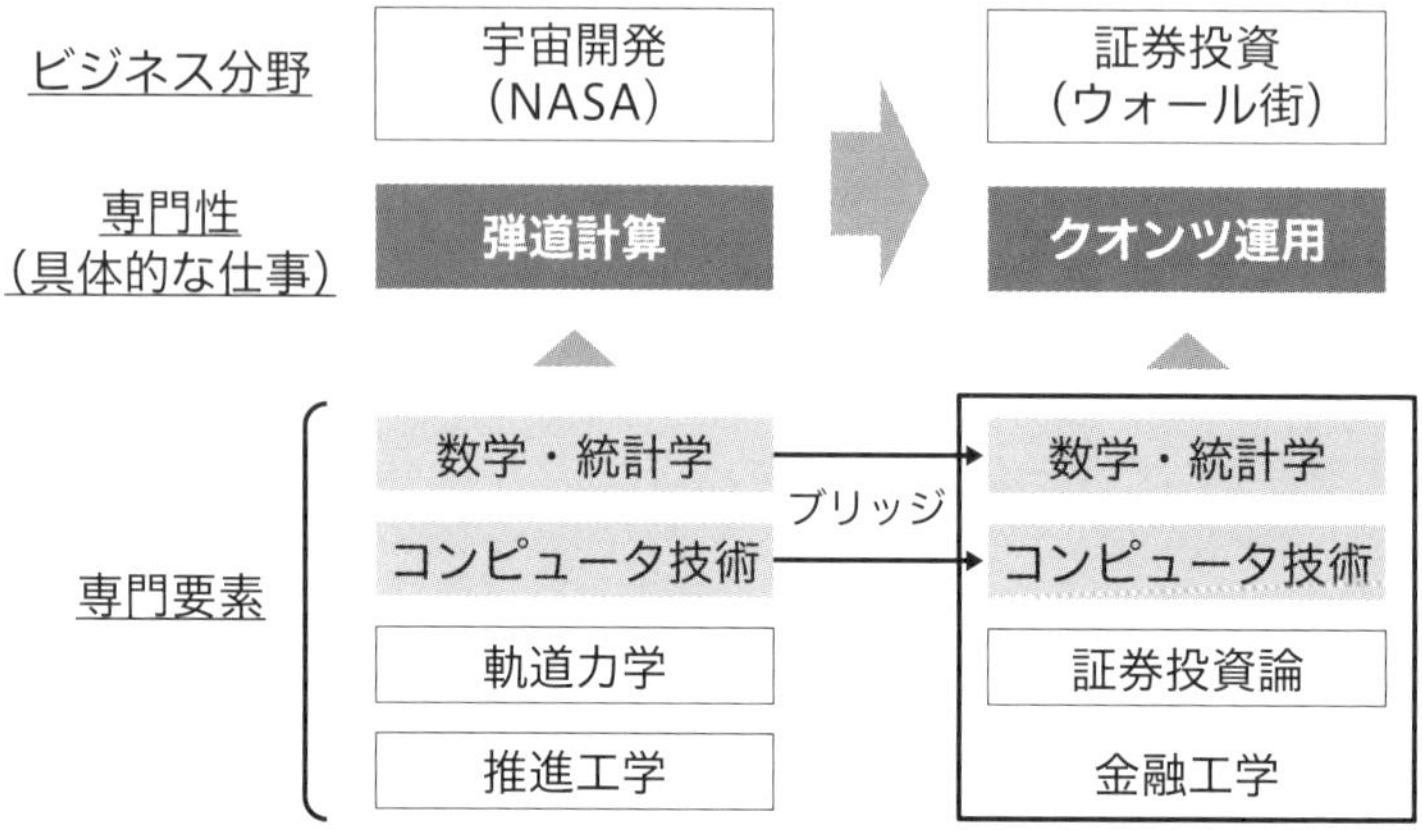

「証券投資論」という新たな専門要素と組み合わせることで、金融工学という専門要素をつくりあげたのです。弾道計算に必要だった専門要素のセットを分解して、クオンツ分析に必要な専門要素のセット（金融工学）へと再構築したことになります（図表2−2）。

宇宙開発から証券投資という異なるビジネス分野への転身ではありますが、それを可能としたのは高い水準の「専門要素」のセットを持っており、その中のいくつかを活用しながら専門性の新陳代謝を行ったことです。

「専門性のスクラップ&ビルド」は、いま保有している専門要素のセットをそっくりそのまま活用しようとするもの

図表2－3 「専門要素」をブリッジに「専門性」を再構築する（著者の場合）

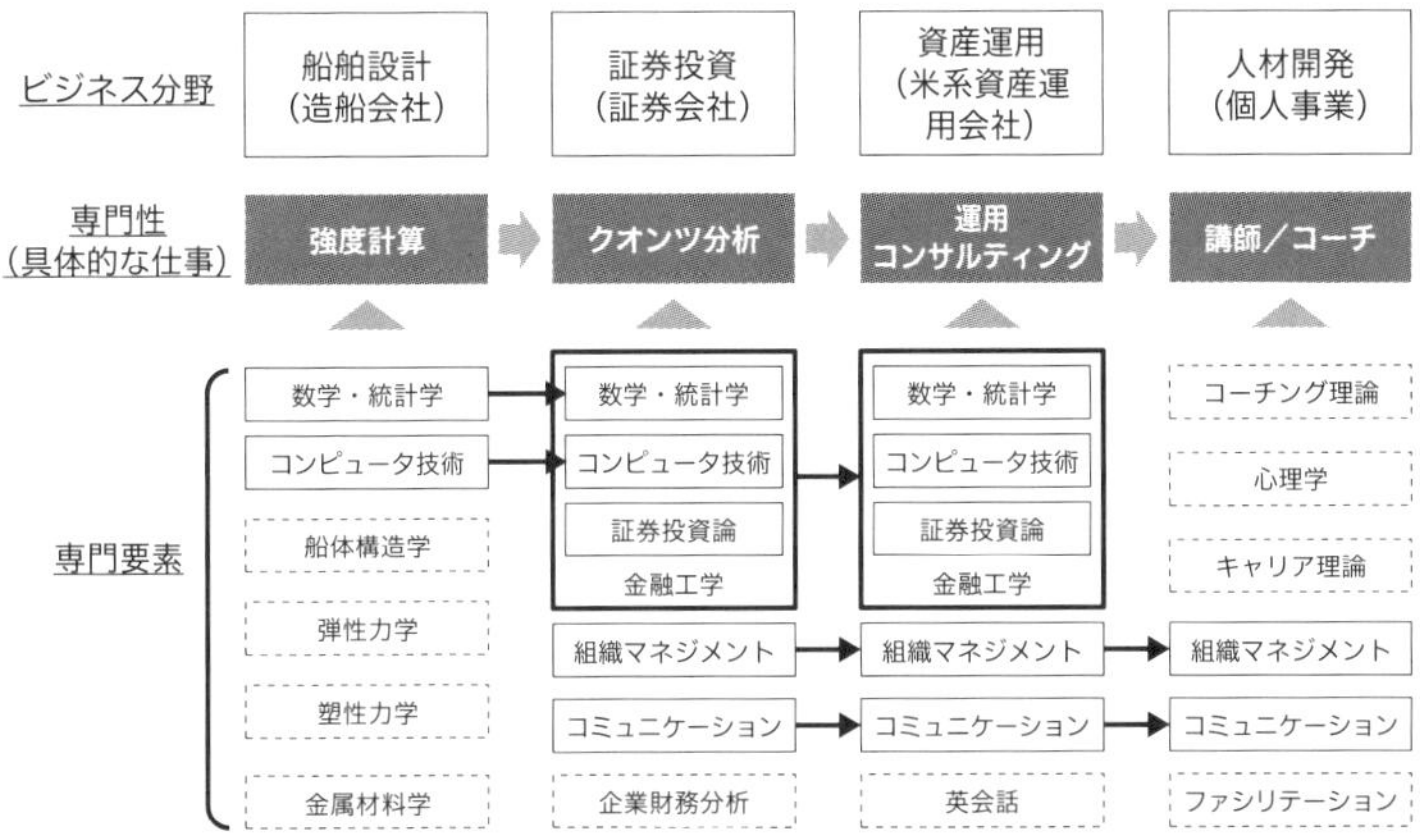

ではありません。かといって、すべての専門要素を一から新しく学ぼうとするものでもありません。いくつかの専門要素をブリッジとして新しい専門要素を学びながら、異なるビジネス分野で専門性を再構築していくものです。

私自身の「専門性のスクラップ&ビルド」の変遷を図表2－3に示してみました。

造船会社から証券会社に転職したときに役に立った専門要素は、数学・統計学とコンピュータ技術です。それをブリッジとして証券投資論を学びながら金融工学という専門要素を身につけ、証券投資というビジネス分野に挑戦しました。

専門性を再構築していくときには、いくつかの専門要素を捨てて新しい専門要素を学ぶことが必要になります。私の場合は、強度計算のスペシャリストとして身につけてきた、船体構造学や弾性力学、塑性力学などの専門要素を捨てる代わりに、証券投資論や企業財務分析などの専門要素を新たに学ぶことで、クオンツ分析という専門性を築きました。

また、証券会社時代に管理職として組織・部下のマネジメントを経験することで、「組織マネジメント」や「コミュニケーション」などの対人スキルに関する専門要素を身につけます。それが、米国企業で部門のヘッドを務めるときの重要なブリッジとなり、さらに、いまの講師／コーチという仕事へのブリッジにもなっています。

造船会社での強度計算という仕事から始まり、いくつかの異なる分野でそれなりに専門的な仕事をすることができた大きな理由は、専門要素を効果的にブリッジとすることができたからです。

医薬品業界に求められている大きな転機

日本において、いままさに専門性のスクラップ＆ビルドを求められている職業の１つが、医薬品業界のＭＲ（medical representative：医薬情報担当者）です。担当する医療機関の医師に最新の医薬品情報を提供しながら自社製品を売り込む営業職です。ただ、その営業スタイルは、朝早くから医療機関に張り付き、わずかな医師の空き時間を狙って押しかけたり、高級料亭やクラブなどで接待攻勢をかけたりする旧態依然としたものでした。

しかし、過剰接待が業界の自主規制で禁止され、医師も押しかけ営業を断りネットで情報をとるようになり、ＭＲ立ち入り禁止を打ち出す医療機関も増えてきました。ノバルティスファーマ社の臨床試験データ改ざん事件を契機として厚生労働省によるＭＲの活動規制が行われるなど、ＭＲを取り巻く環境は大きく変化しました。さらに、国の医療費抑制政策のもとでの薬価引き下げやジェネリック医薬品（後発医薬品）の普及によって、製薬会社の収益構造も悪化してきています。

この結果、製薬会社はＭＲ頼みであった医療機関に対する営業スタイルを、大きく見直さざるをえない状況になったのです。ＭＲ認定センターの『２０２０年版ＭＲ白書』によると、国内のＭＲ数は２０１３年度の６万５７５２人をピークとして６年連続で減少しており、２０１９年度（２０２０年３月末）はピークから13％減の５万７１５８人となっています。このままＭＲとして仕事を続けることに疑問を持ち、転職を選択するＭＲが増えてきているのです。

ただし、彼らは医薬品関連の高い専門要素を有していることが強みです。『週刊東洋経済

（２０２０年12月19日号）』では、実際にＭＲの人たちがどのような分野に新天地を求めているかが紹介されています。

たとえば、同じ業界内の異なる企業や職種としては、医療機器メーカーや医療系ベンチャー、あるいは、特定の疾患領域のオピニオンリーダー的な医師と科学的な情報を交換するＭＳＬ（メディカル・サイエンス・リエゾン：営業ではない）、さらには薬剤師などがあげられています。異なる業界への転身では、コンサルティング会社やＭ＆Ａ関連企業など、医薬品関連の専門知識を持つ人材を求めている分野も受け皿になっています。

大きな環境変化の波を受けながらも、彼らにはロケットサイエンティストと同じようにＭＲとして蓄積した質の高い専門要素があるからこそ、それをブリッジとして新たな挑戦が可能となっているのです。

「学び続ける人」だけがこれまでの経験を生かせる

年功序列的な色彩の強い日本の人事システムでは、新任管理職として課長に登用されると、その後は、次長、副部長、部長といった役職の階段を上っていくか、あるいは昇格しなくても、〇〇リーダー、〇〇統括などと名前を変えながら管理職としての立場を続けることが一般的でした。少なくとも、役職定年になるまでの間に、一スタッフに戻って仕事をすることはまれです。

しかし、生き残りをかけた企業が事業の新陳代謝を加速させることで、組織形態は極めて流動的になっていきます。M&Aを通じた既存事業の切り離しや新規事業への進出が日常的になると、新たな分野にプレーヤーとして取り組むことや、あるいは管理職という待遇は維持されても、実質的に自ら実務を手がける機会が増えてくるでしょう。

もちろん、降格というイメージを与えないような制度的な配慮はあるでしょうが、管理職でもスタッフでも、自ら手足を動かしながら新しい分野に取り組んでいかざるをえない可能性は格段に高まっていきます。

経験のない異分野への取り組みでは新たな知識やスキルを身につける必要があり、いったんハンディを負うようなイメージがあるかもしれませんが、前職で身につけた専門要素をうまく活用することで、かえって人材価値を高めることができる場合があります。

知人で翻訳家の漆嶋《うるしま》稔《みのる》さんは、日本を代表する中国関連書籍の翻訳のスペシャリストです。『烈火三国志』（成君憶）、『馬雲のアリババと中国の知恵』（鄭作時）、『菜根譚』（王福振）など、中国思想や中国ビジネス関連の書籍の日本語訳だけでなく、香港ディズニーランドの日本語案内表示なども手がけておられます。

漆嶋さんは、40代で銀行を退職して翻訳家に転身したのですが、そのときに役に立ったのが、北京や上海、香港での合計10年間の中国勤務経験だとのことです。実際に現地で暮らし、現地の人と仕事をしながら、中国文化や中国ビジネスを皮膚感覚で理解してきたことで、中国人の気持ちが理解できるようになってきた。それをバックボーンとして、原書を読む中国人読者の心の動きと、翻訳された日本語を読む日本人読者の心の動きがきれいにシンクロするような自然体の翻訳技術を確立させ、独自の地位を築くことになります。

本書の表現を使えば、漆嶋さんのキャリアは金融から翻訳へとビジネス分野のシフトを起こしていますが、「中国文化の理解」「中国ビジネスの理解」「中国語」という強力な専門要素が、退職後に獲得した「翻訳技術」という新たな専門要素と掛け合わさり、「中国書籍の翻訳」という高い専門性を生み出しています。日本ではまだ中国への関心が高くなかった１９８０年代に始まった中国の在住経験によって、人より早く手にした中国関連の専門要素が、翻訳という分野における希少価値を引き出しているのです。

　このような漆嶋さんのキャリアからわかることは、新しい分野へのシフトに際しては、これまでの専門要素が思わぬ希少価値を生むための強みになり得るということです。

　ただし、漆嶋さんがそれを実現できたのは、40代で翻訳技術という専門要素を新たに学ぶことに挑戦したからです。転職を考えている人たちがよく口にする「これまでの経験を生かして」という言葉には、ともすれば「これまでの経験だけで」という甘えが含まれていることがあります。環境が急速に変わりゆく時代に「これまでの経験だけ」で自分を生かそうとしてもうまくいくことはありません。

　正しい意味の「これまでの経験を生かして」とは、新しいビジネス分野で新たな専門要素を身につけながら、これまで蓄積した専門要素を差別化要因とするということです。そのような挑戦心があって初めて、異分野の経験を生かした希少価値を手にすることができるのです。

広い範囲の「知識」ではなく狭い分野の「能力」を優先させる

「カンブリア爆発」の時代として専門性が一気に多様化、細分化していくということは、自分の知らない分野が爆発的に増えていくということです。当然、それらすべてをフォローすることなど不可能です。このような環境下で私たちが専門性のスクラップ&ビルドを行っていく際の優先順位は、知らないことをフォローして「知っている」という知識（学習レベル１）の裾野を広げることではなく、たとえ狭い特定分野であっても「できている」という能力（学習レベル４）をできるだけ早く、かつ確実に持つことです。

多様化、細分化していく専門性の時代には、複数のメンバーで足りないところを補い合いながら案件に対応していかなければなりません。すなわち、１つでも「○○ができる」という「能力」があるからこそメンバーとして貢献できるのです。たくさんのスキルを持っていても、どれ１つとしてレベル４の「能力」に達していない人は、メンバーとしての役割を果たすことはできません（図表２－４）。

図表2－4　突出したレベル4（能力）を持つ

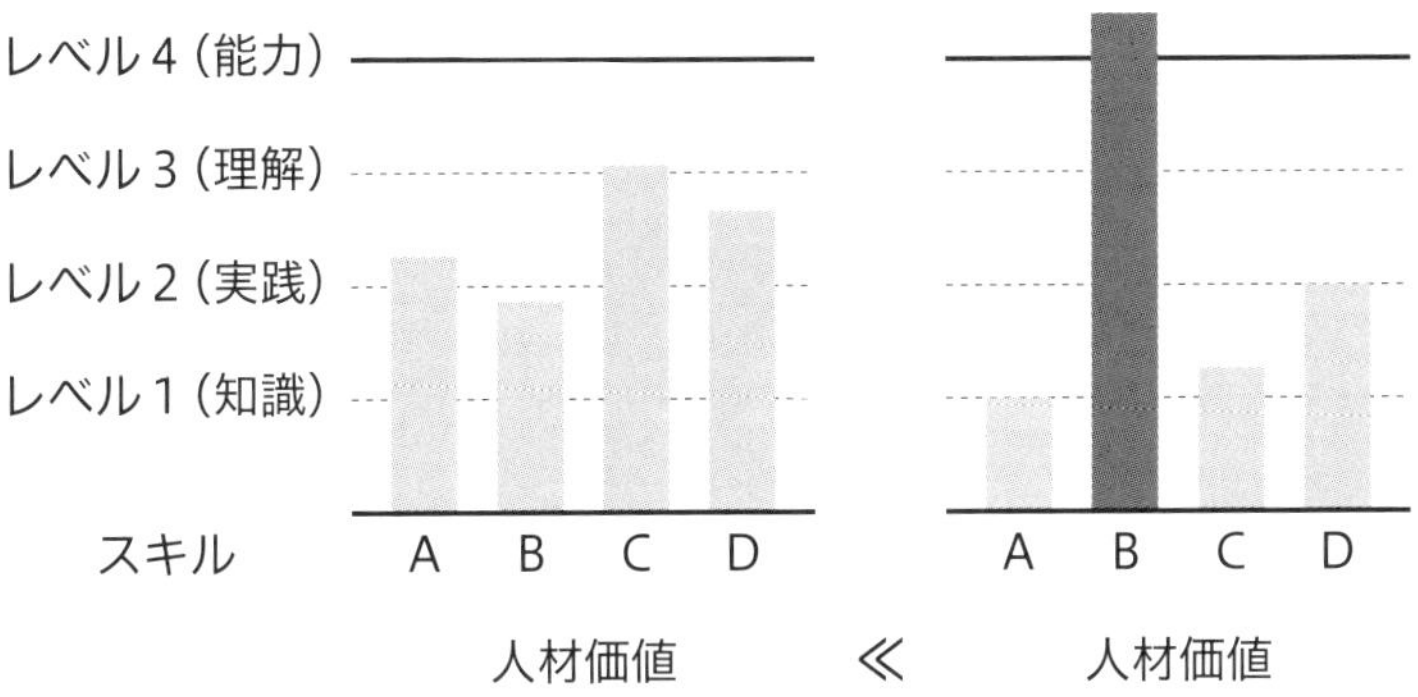

専門性のスクラップ&ビルドを行いながらスペシャリストとしての価値を維持するための出発点は、新しい分野でスキルの平均点を高めることではなく、1つでもかまわないので突出したレベル4を持つことです。それで自分が貢献できるポジションを確保しながら、徐々に周辺領域に学習の輪を広げて、新たなレベル4を増やしていけばよいのです。

全体を理解するためには、まず部分を理解する

私が30歳で証券知識ゼロのまま証券会社に転職したときのことです。経済・証券分野の専門用語が飛び交う周りの会話にまったくついていけませんでした。そこで、まずこの分野の知識を吸収しなければ話にならないと、そこに優先的に時間を使おうと考えました。

しかし、冷静になって考えてみた結果、その考えは捨てることにしました。なぜならば、会社がわざわざ外部から採用した理科系の私たちに期待しているのは、一刻も早く金融工学を活用したクオンツ分析のスペシャリストとしての存在感を示すことだからです。そこで、足りない知識の習得は後回しにして、米国から導入された最先端の資産運用モデルを理解することに集中しました。

幸いにも造船会社時代に蓄積した数学、特に行列演算のスキルが役に立ち、ほどなくモデルの構造を理解して実際に使うことができる数少ない人になっていました。他部署からの問い合わせに答えたり、顧客へのデモンストレーションを依頼されるなど、社内で頼りにされるようにもなってきました。

不足している知識の習得ではなく、1つでも「できる」ことを優先的に狙っていったことが功を奏したのです。やがて、モデルの背景にある証券投資理論がおぼろげながらも見えてきて、経済・証券分野の不足していた知識も自然と身についていきました。

学習のノウハウを述べている書籍の中には、まず全体像を理解してから取り組むことの重要性を説いているものもありますが、その考え方は明らかに現実離れしています。

たとえば、東野圭吾のミステリー小説を初めて読んでみようと思ったときに、最初に10

0冊近い彼の全作品を眺めて全体像を把握しようとするでしょうか？　そうではなく、とりあえず面白そうだと思った1冊を手に取ることから始めるのではないでしょうか。その1冊にハマって、他の作品を次々と読んでいるうちに、彼の作品の全体像が見えてくるというのが現実です。

そもそも、初めて取り組む分野の知識がない時点で、どれだけ説明を受けたとしても、全体像を正しく把握することなどできるわけがありません。目の前のものに取り組んで部分的に理解していくことの積み重ねによって、次第に正しい全体像が見えてくるのが現実です。

もちろん、全体像の正しい把握は大切です。そのためには、不安に駆られて大量の知識を広範囲に習得しようとするのではなく、断片的にせよ目の前のことを「できる」のレベルに持っていくことを優先させることで、かえって最短距離で全体像を把握することができます。

サルにはできても ヒトにはできない未来予測

どうせ専門性のスクラップ&ビルドを行うのなら、未来の社会の姿をイメージして、できるだけ成長性のあるビジネス分野で仕事をしたいと思う人は多いでしょう。世の中には、この先に何が起きるのかといった未来を予測する情報もあふれています。

たしかに、いま現在、ＡＩとロボット化によって労働環境が大きく変わりつつあることは間違いありません。国立情報学研究所・新井紀子教授が著書で次のように述べていることも、多くの人が直感的に理解できるでしょう。

「１９００年代から始まり、約１００年かけてトヨタやパナソニックといった日本の最先端工場でほぼ確立されてきたオートメーションによる変化がホワイトカラーに対しても起きるのです。しかも、20年ぐらいに圧縮して。それは人類がこれまで体験したことのない変化です」（『ＡＩ vs. 教科書が読めない子どもたち』東洋経済新報社、２０１８）

「人類が体験したことのない変化」なのです。

それが、この先どのような社会変化を生み出し、どのようなビジネスが成長していくのか、私たちには正確に予測することなどできないと考えるべきでしょう。

過去の歴史を振り返っても、その分野の当事者たちの未来予測でさえ、当てにならないという例はいくらでもあげることができます。

「蓄音機に、商業的価値はまったくない」トーマス・エジソン、１８８０年

「人類が原子力を利用できるようになる可能性はまったくない」ロバート・ミリカン（ノーベル物理学賞受賞）１９２０年

「俳優の声を聞きたいと思う人など、いるわけがない」ハリー・ワーナー（ワーナー・ブラザース・エンターテイメント社長）１９２７年

「世界で、コンピュータの需要は5台ぐらいだと思う」トーマス・J・ワトソン（IBM社長）１９４３年

「個人が家庭にコンピュータを持つ理由など見当たらない」ケン・オルセン（ディジタル・イクイップメント社長）１９７７年

（以上、『パラダイムの魔力　新装版』ジョエル・バーカー著、仁平和夫訳、日経BP

社、2014より）

ＡＩに取って代わられることのない仕事は何かと聞かれたあるＡＩ研究者の、「これから生まれてくる仕事としか答えようがない」という言葉が、実に的を射ているのではないでしょうか。

私が資産運用業界で働いていたとき、将来予測を過信してはならないということを徹底的にたたき込まれました。

日本経済新聞社グループが行っている「人気アナリストランキング」というものがあります。生保や投資顧問会社などの機関投資家が、自分が良いと思う証券会社のエコノミストやアナリストに投票してランキングを決める年1回のイベントです。

かつて、投票側のあるファンドマネジャーに投票基準を尋ねたことがありますが、「相場見通しが当たるか当たらないかは関係なく、自分にない視点で市場を分析した情報を提供してくれる人」とのことです。さらに、「そもそも、彼らの見通しが当たるとは思っていないし、もし本当に当てる力があるのならサラリーマンなどやっていないでしょ」とも。

偶然の的中をスキルだと勘違いしない

相場の上げ下げは予測できないというのが資産運用関係者の共通認識です。それでも、プロならできるだろうと一般投資家が勘違いしてしまうのは、もっともらしく情報を流している業界サイドの問題と単なる確率のマジックです。

たとえば、年初に今年の相場の上げ下げを赤と青のボタンを押すことで猿に予測させた場合、確率50％で当たる猿が出てきます（実際の相場とは異なりますが、単純化して上がる確率と下がる確率をそれぞれ50％とします）。もし、大分県高崎山の１２００頭のニホンザルにこの予測をさせたとすれば、５年連続で予測を当てる天才ニホンザルが確率的に37頭も出ることになります。それは単なる偶然であり再現性のあるスキルではないのですが、同じことが人間の間で起きると「さすがプロ」と誤解してしまうのです。

米国の著名アナリストであったエレイン・ガザレリ氏は、１９８７年のブラックマンデー（世界的な株価大暴落）を予測したことで、『ビジネスウィーク』誌に「世紀の予言」と賞賛されるなど一躍時の人となりました。同年に設定された彼女が担当する投資信託は約7億ドルもの資金を集めましたが、その後の運用成績は不振を極め、数年後にファンドを閉じることになります。資産運用にまつわるこのような話は枚挙にいとまがありません（『予測ビジネスで儲ける人びと』ウィリアム・シャーデン著、森孝恵訳、ダイヤモンド社、1999より）。

エコノミストやストラテジストの役割は相場を当てることではなく、専門家としての高い見識と深い洞察力による市場の見方を、多面的な判断材料の1つとして投資家に提供することです。「市場の上げ下げは予測できないため分散して長期保有する」という投資の王道を根底に据えた上で、独自の分析能力によって少しでも良い銘柄を選択しようとするのが、プロのファンドマネジャーたちの一般的な姿です。

では、将来が予測できないのであれば、何を根拠に専門性の再構築に取り組めばよいのでしょうか？

機が熟すのを待つ秀才ではなく、目をつぶって飛び込む凡人を目指す

未来は予測できないという話をすると、「でも、櫻田さんは、いつも将来の有望分野を見

つけて、タイミングよくそこに移っていますよね」と不思議がられます。

たしかに、造船会社から証券会社でのクオンツ分析へ、さらに、米国企業で資産運用コンサルティング。そして、いまのコーチングおよび講師という仕事――結果的に成長分野に転身してきたことになります。しかし、私は決してそのようなことを見定めて転職したわけではありませんし、むしろ、たまたま目の前に現れた機会に「面白そうだ」という直感で手を伸ばしたというのが事実です。

ただ、あとで振り返ってみると、一見、何の関係もないように見える「クオンツ分析」「資産運用コンサルティング」「コーチング」の３つの仕事には、実は隠れた２つの共通点があることがわかりました。

「それなに？」と言われているときがチャンス

１つ目は、どれも当時の日本では新しい仕事であったことです。

すでに述べたように、金融工学は１９８０年代に米国でＮＡＳＡのロケットサイエンティストたちがウォール街に持ち込んだ、数学・統計を応用した証券投資技術であり、私が証券会社に転職した１９８７年には、まだ日本語の論文や書籍も少なく学会も存在していませんでした。

その後、1998年に米国系企業に転職して取り組んだ資産運用コンサルティングも、情報は証券会社や資産運用会社からタダでもらえるものという固定観念に支配されていた日本において、ビジネスとしては黎明期でした。ある企業年金が初めて有料で外資系コンサルティング会社と契約を結んだのが1990年代の前半のことです。

さらに、私が独立してコーチングの仕事を始めた2010年当時には、日本で本格的にコーチングを導入している企業はほとんどなかったように思います。コーチングそのものも正しく理解されてはおらず、私自身、「人をだますような宗教ではないか」と面と向かって非難されたこともあります。

これらの仕事はいまでこそ社会的に認知され成長してきましたが、当時は、いずれも「それなに？」と言われるような時期に私は飛び込んだことになります。

2つ目の共通点は、どれも少し前に米国で生まれて成長し始めたものが、時間差で日本に流入してきたものだということです。

金融工学を用いたクオンツ分析については述べたとおりですが、資産運用コンサルティングも、米国に比べて10年程度のラグで日本に入ってきたものです。「すべての人にコーチが必要だ」と訴え続けているグーグル社の元ＣＥＯエリック・シュミット氏が初めてコーチングを受けたのが、同社のＣＥＯに就任した２００１年のことです。

私が初めてコーチングのことを知ったのは２０００年代の後半です。友人の土岐大介氏（当時、ゴールドマン・サックス・アセット・マネジメント株式会社代表取締役社長、現ＢＮＰパリバ・アセットマネジメント株式会社代表取締役社長）とランチをとっている時に、同グループでは世界中のすべての役員クラスの社員にコーチがついているという話を聞いたのです。

コーチングとは何かということや、コーチを受けることで発想が豊かになったり考えが深まったりするなどの話を聞かせてもらい、同グループのサポート体制に感心するばかりでした。

そこで、会社に戻り上司の米国人ＣＥＯにその話をしたところ、なんと、彼自身、すでにコーチングを受けているとのこと。「役員がコーチングを受けるのは米国では一般的なので、日本の君たちにもつけよう」ということで、日本法人の役員全員にコーチをつけてくれたのです。

「面白そうだ」と思ったら人より先に動く

このように、私が過去3回の専門性のスクラップ&ビルドにおいて選んだ仕事には、①日本では新しいビジネス領域である、②米国でビジネスとして先行している、という2つの共通点がありました。

私が証券投資分野で当時としては数少ないクオンツ分析の専門家として仕事ができたのは、卓越した数学の力があったわけでも、証券市場に精通していたわけでもありません。その分野が有望かどうかなどわからないまま、人よりも少しだけ早くその世界に飛び込んだことで自動的に希少人材となったためです。資産運用コンサルティングもコーチングも同じパターンです。

私の経験から、その仕事の将来性を分析しつつ機が熟すのを待っているような秀才タイプの人よりも、面白そうだという直感を信じて勢いで飛び込む凡人の方が、よほどチャンスをつかむ可能性は高いのではないかと思います。

「面白そうだ」と思ったら、詳しく調べてみたり、その仕事をしている人から話を聞いてみたりすればよいでしょう。ただ、せっかくですから、①社会的にまだ新しいビジネス領域であるかどうか、②外国に先行例があるかどうか——この2つを判断材料に加えることも無駄ではないと思います。もちろん、世界で前例がないことに自分が初めて挑戦するのも十分に意味のあることです。

順番は、処理→問題解決→問題発見&価値転換

新しい分野に移って仕事をするとき、守るべき順番があります。

「処理」→「問題解決」→「問題発見&価値転換」です。

既存の専門要素でブリッジをかけて新分野に取り組んでも、不足している専門要素を学んでいかなければなりません。そのために最初にすべきことは、「少し学べば、あとはやりさえすればできる」という処理的な仕事をどんどんこなすことです。

すでに述べたように、知識も経験もない新分野では、どれだけ情報を集めたり人から説明を受けたりしたとしても、正確に全体像を把握することなどできません。断片的でもかまわないので、その都度必要な知識を学びながら仕事の数をこなして、小さな「できる」を増や

していくことが大切です。「できる」が増えていけば、その分野の全体像がおぼろげながら見えてきます。

異動や転職で新しい職場に移ったときに、「新鮮な目で問題点を指摘してほしい」といった期待を伝えられることがありますが、それは後回しでかまいません。なぜならば、組織に存在する非合理的なルールや非効率なプロセスには、多くの場合その組織なりの理由があるからです。まずは、処理仕事によって新しい専門要素を身につけ「できる」を増やすこと、その過程で、いまあるルールやプロセスの背景を理解することが先決です。

もちろん、いつまでも処理仕事をしていたのでは、チームにとって単に頭数が増えたということにしかなりません。処理仕事によって「できる」を増やしていった次のステップが問題指摘・問題解決です。

それなりに仕事の全体像が見えてきて、しかも、いまのルールやプロセスの背景が理解できてくると、既存のメンバーとは異なる視点で問題を指摘し、既存のメンバーにはない知識やスキルで問題を解決することができるようになってきます。それが、「新鮮な目で問題点を指摘して」という期待に応えるタイミングです。問題解決のためには処理的な仕事以上の知識や仲間との議論が必要となるため、その過程を通して専門性の水準を一段と高めること

図表２－５　新分野での取り組みの順番

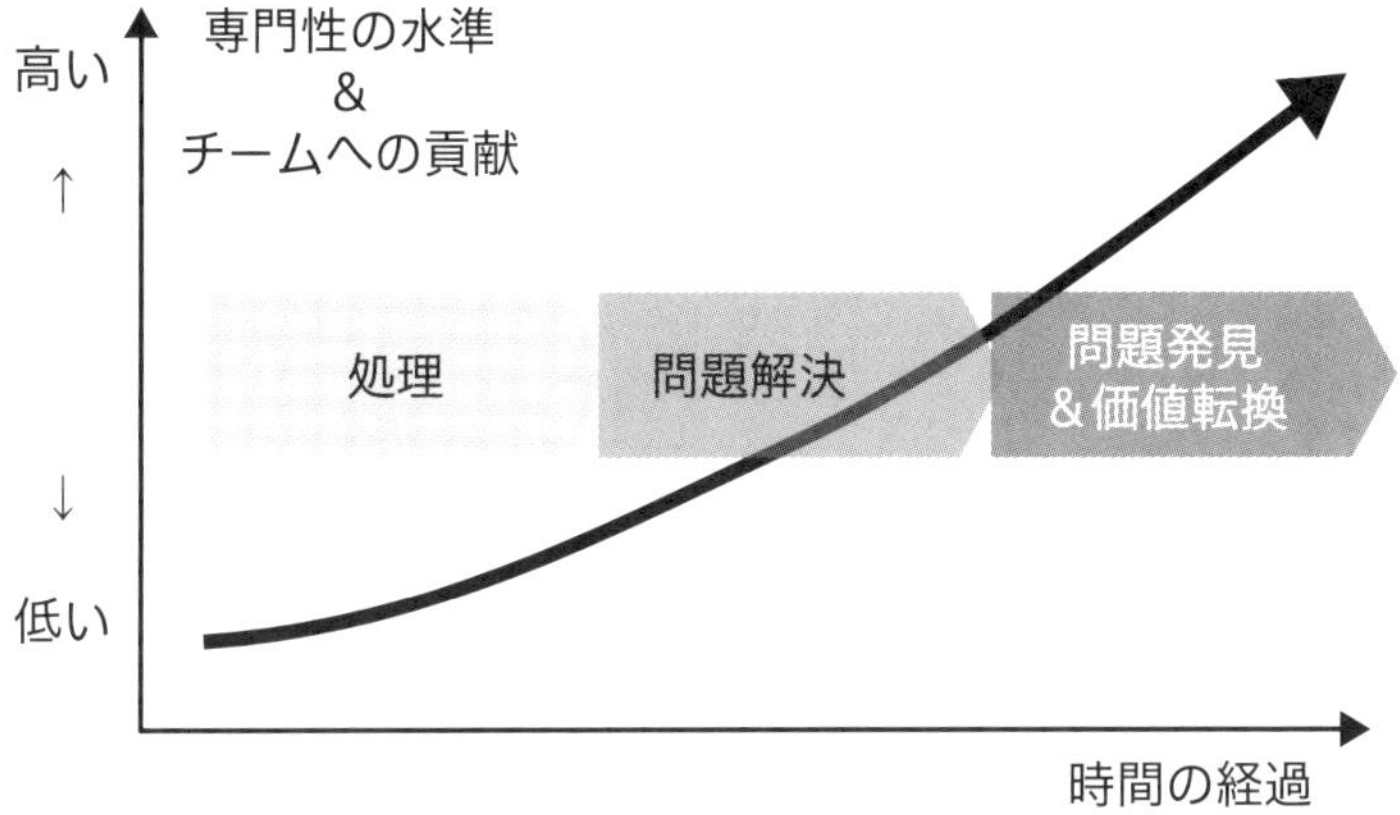

ができます。

さらに、問題解決でチームに貢献できるようになってきた次のステップが「問題発見＆価値転換」です。問題解決は既存の仕事を理想とする姿に近づける行為ですが、問題発見は仕事に新たな価値の源泉を見つけてそれを具体化していく行為です。

どれだけ高度な仕事をしていても、それが十分に価値転換されていなければ意味がありません。チームが行っている仕事が、顧客に向けてどのように価値転換されているのかといった実態を理解した上で、仕事やチームの中に、より大きな価値、より新しい価値に転換できる源泉を発見し価値転換に取り組む――それによって、一段と専門性の水準もチームへの貢献度も高まっていきます（図表2－5）。

「問題発見&価値転換」における価値転換力は、これからの人材価値において重要な意味を持つため、これ以降、特に第5章で詳しく取り上げることにします。

処理仕事から入ることで受け入れてもらえる

製造業から証券会社へ転職した松山さん（仮名）は、前職でもシステム関係の仕事をしていました。彼が入社後に配属された部署で担当したのは、社内のシステム機器を一元管理するために、どの部署にどれだけのパソコンやプリンターなどのＩＴ機器があるのかを調査して整理することでした。まだ1つの部署にパソコンが1台あるかないかの時代でしたが、急速に導入が進み始めた時期であり、いまのうちに管理体制を整えておかなければ訳がわからなくなるといった危機感からです。

松山さんはすでに高いＩＴの知識と技術を有していましたが、この泥臭い仕事に地道に取り組みます。ＩＴ機器の購入履歴を経理部や総務部に問い合わせたり、社内各部署に足を運んで自分の目でＩＴ機器の確認をしたりしながら、一元管理のための一覧表を完成させます。まだメールがなかった時代の手間のかかる仕事でしたが、まずは、やりさえすればできるという処理仕事をしっかりと行いました。「おかげで、今後の社内システム化のための現状把握ができて勉強になりました」との本人談です。

ここで、前職の経験や知識をひけらかして偉そうに問題点を指摘したりすると、既存のメンバーから反感を買ってしまいます。松山さんは、その点をよく踏まえた上で、「自分で手足を動かす方が早く仕事が理解できる」と喜んで処理仕事に取り組んだのです。

このとき松山さんは、調査結果を社内ではまだほとんど使われていなかった「マルチプラン」という表計算ソフト（Excel の前身ソフト）で整理しました。初めて見るスプレッドシートに、同僚たちは「こんな便利なもの！」と一様に驚いたそうです。さらに、松山さんは「差し支えなければお手伝いさせてください」と、彼らの仕事を次々とマルチプランを使って効率化してあげたのです。

その結果どうなったのかは容易に想像できます。メンバーたちが松山さんを仲間として受け入れただけでなく、松山さんの話に耳を傾け始めました。まずは全力で「処理」をすることによって築いた人間関係の上で、「僭越ながら」と指摘する問題点や改善アイデアをメンバーが真剣に受け止めるようになったのです。その後、松山さんは社内システムの近代化に手腕を振るうことになります。

「処理」→「問題解決」→「問題発見＆価値転換」は、自分の学習効率を高めるための順番であると同時に、チームのメンバーに受け入れてもらえるための順番でもあります。

達人の脳へ合法的にハッキングする

仕事を通じて専門性を身につけていくときには、どうしても知識やスキルを習得することだけに目が行きがちですが、絶対忘れてはならないことが１つあります。それは、「考え方」を学ぶということです。どれだけ質の高い「考え方」を学んでいるかによって、アウトプットの価値が大きく変わってくるからです。

私が三井造船から日興證券に転職したのは、日経平均株価が史上最高値３万８９１５円に向けて連日高騰しているバブル期の真っ最中でした。最初の上司、大森さん（仮名）は証券市場分析のエキスパートであり、バブルの熱に浮かれることのない冷静かつ論理的な分析は、社内外から高い評価を受けていました。入社直後で右も左もわからない私は、そのような大森さんの姿に尊敬の念を抱くばかりでしたが、あるとき、なぜそのような優れた分析ができるのかをお聞きしたことがあります。

大森さんはこのように教えてくれました。「私は一貫して、市場を『水準・方向・勢い』の3つの視点で見続けているからです。だから、変化に気づくのです」

・いまの株価は環境などと比べてどの程度の水準なのか？　その理由は？
・いま株価は基本的にはどちらの方向に動いているのか？　その理由は？
・いまの株価の変化の勢いはどの程度の強さなのか？　その理由は？

常にこの3つの視点で市場に対する仮説・検証を繰り返してきたとのことです。根拠もなく、したり顔で「相場に勢いがありますね」などと言っていた自分が恥ずかしくなりました。

しかし、そのとき学んだ、「水準・方向・勢い」の3つの視点は、その後の私の仕事において、様々な状況を把握するための尺度となります。

たとえば、プロジェクトの進捗は「水準・方向・勢い」の視点でどうなのか。顧客との信頼関係は「水準・方向・勢い」の視点でどうなのか。自分の専門スキルは「水準・方向・勢い」の視点でどうなのかなど、論理的に物事の変化を把握することに大きく役立っています。

このように「考え方」には適用場面の汎用性があり、分野を超えて通用する力があります。

だからこそ、十分に意識して学んでいく必要があるのです。

あの人は、なぜそう判断したのか？

「考え方」を効果的に学ぶにはコツがあります。

同じ日興證券で、チームの活力を高めるマネジメントに定評のあった別の上司の坂口さん（仮名）は、ある案件で何らかの判断をしたあと、私に向かって「なぜこのような判断をしたと思う？」と必ず問いかけてくれました。

私が知恵を絞って回答したあとに正解を教えてもらうのですが、最初のうちはピント外れな回答しかできません。しかし、このやりとりを何度か繰り返しているうちに、徐々に、「ピンポン、正解！」と言ってもらえることが増えてきました。坂口さんの頭の中の思考プロセスが理解できるようになってきたのです。このとき坂口さんから学んだ「考え方」が、のちに私が管理職としてチーム運営を行うときに役に立ちました。

このように、目の前で起きている実際の案件を教材として、①相手の判断の裏にある「考え方」に対して仮説を立てる、②相手から正解を聞き仮説と照らし合わせる、③どこが間違っていたのかを検証しながら学ぶべきことを整理する。

図表２－６　達人の脳をハッキングして「考え方」を学ぶ

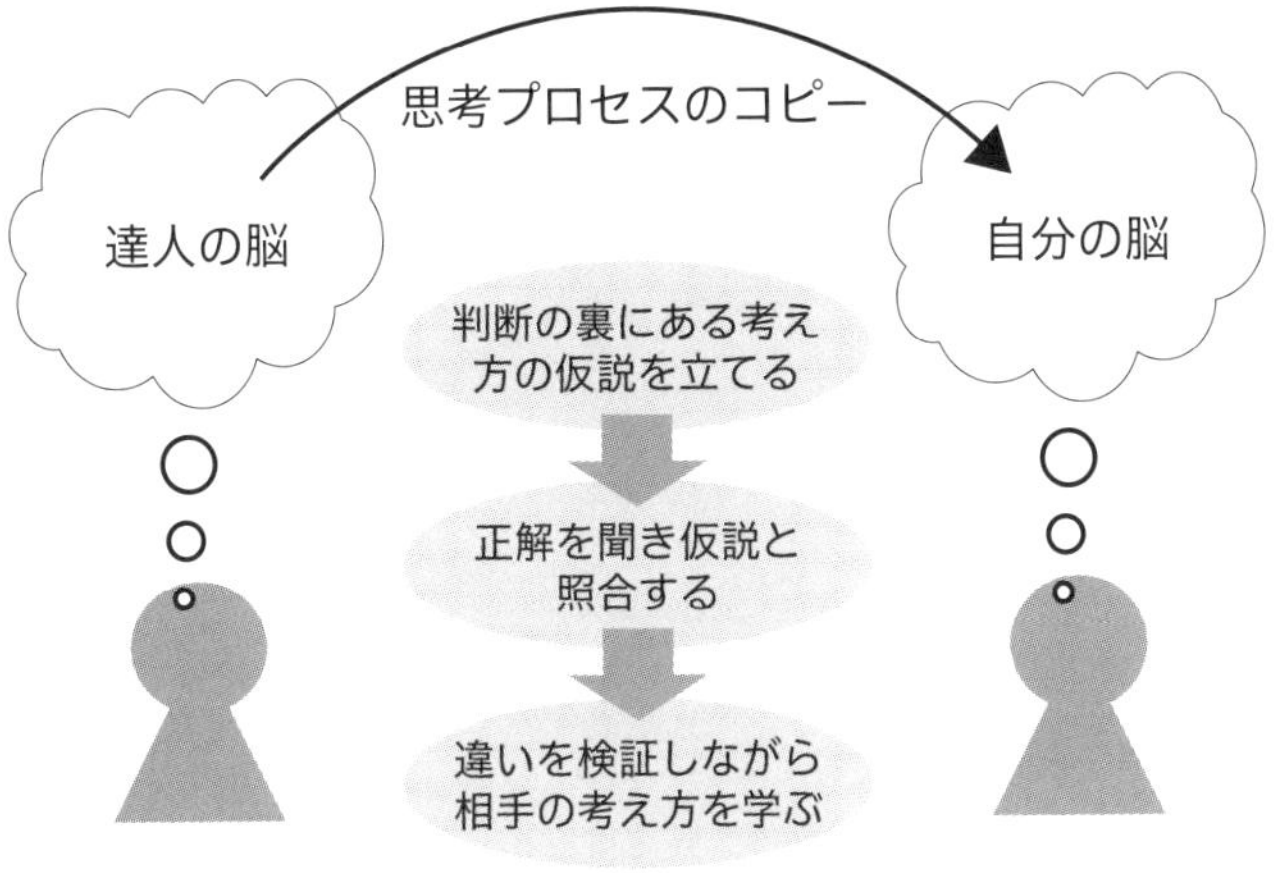

これを繰り返し、自分の立てた仮説が相手の答えと一致する頻度が高まってくるにつれ、相手の脳にある思考プロセスが自分の脳にコピーされていくという「脳のハッキング」が起きます（図表２－６）。

その際に大切なことは、まず自分で仮説を立てるという点です。相手の思考プロセスに対する仮説という自分のアウトプットを出しながら、正解というフィードバックで検証して初めて自分で考える力がつきます。ゴルフのスイングを学ぶためにはスイングする必要があるのと同じように、考え方を学ぶためには考える必要があるのです。

たとえ業務能力の高い管理職クラスの人であったとしても、環境変化の時代に必要な「学習の高速化＆良質化」を、自分の力だけで行うことには限界があります。この章で紹介してきたように、頂点人材からの学びや上質のフィードバックなども含めて、「教わる」のでもなく「学ぶ」のでもなく、「学び取る」というガツガツとした能動的な姿勢で人の力を借りることが必要です。自分自身がそうであることに加えて、管理職として部下の「学習の高速化&良質化」をサポートすることで、お互いに学習し合える良好な人間関係の輪がチーム内に広がっていきます。

不良債権化したスキルは迷わず捨てる勇気を持つ

そもそもスクラップ&ビルドとは、不要になったものを捨てて必要なものを新たに加えることで、全体としての価値を高める行為です。採算性の悪いビジネスから撤退して、価格主導権を握れる競争優位のビジネスに事業ポートフォリオを組み替えるのは、事業のスクラップ&ビルドです。

専門性のスクラップ&ビルドも、同じように不要になったスキルを捨てて必要なスキルを新たに学習することで、自分の人材価値を高めようとする行為です。ただ、ここで躊躇してしまうのが、不要になったスキルを捨てるということです。

苦労して取得した資格を、おそらくこの先必要としないだろうと思いながらも、つい更新料を払って更新してしまうこと。違う分野に転職して不要になった専門書をいつまでも本棚に並べておくことなど、愛着があって捨てがたいという気持ちはよくわかります。人は努力して手にしたものを大事にしようとするからです。

これは「ＩＫＥＡ《イケア》効果」と呼ばれている心理反応です。ＩＫＥＡとは日本にもいくつかの店舗を構えるスウェーデンの家具量販店のことで、同店で購入して自分で組み立てた家具には、他人が組み立てた家具よりもはるかに大きな価値を感じるという実験結果から名付けられています。自分が苦労したことは過大評価すると言い換えてもよいでしょう。

自分で組み立てた家具を大切にする分には何の問題もありませんが、こと仕事やキャリアに関しては、努力して手に入れたものの価値はその過程を基準として測るのではなく、未来を基準として測るべきです。これまでどれだけ苦労したとしても、どれだけ役に立ったとしても、この先、おそらく使うことがないだろうと思われるスキルは思い切って捨てるべきです。なぜならば、新しい知識やスキルを身につけていく際に、それらが心理的な鎖となるからです。

関心のアンテナは新しい分野の方角へ固定すべし

私が造船業界から証券業界へと転職したとき、即座に日本造船学会（当時）を退会しました。さらに、1年後、造船関係の専門書や造船学会誌を、数学や統計学などの一部を除いてすべて捨てました。1年間、証券業界で働いてみて、もう造船業界には戻らないし、戻れないだろうと思ったからです。

証券・資産運用業界から人材開発の仕事に移ったときも同じです。1年たったころに日本証券アナリスト協会検定会員の資格更新をやめ、大量に増えていた専門書と学会誌もすべて捨てました。1年間やってみて、やはり元の業界に戻ることはないだろうと思ったからです。

これは資格更新費用や本棚のスペースだけの問題ではありません。不要になったにもかかわらず目につく場所にかつての専門書などが置いてあると、ことあるごとにそちらに関心が向いてしまうのです。

新しい分野へ仕事を変えていくときには、知識や情報に対する関心のアンテナを新しい分野の方角へと固定しなければなりません。そのためにも、余計なものが目に入らないように環境を整える必要があります。特に、これまでの分野は慣れているだけに受信感度が高くなっています。そちらへ向いたアンテナを残したままにしていると、これからやろうとしていることに対して余計なノイズが入ってきて本当に必要なことを受信する妨げとなります。

使わなくなった資格、専門書、さらにはスキルや知識は、この先回収可能性のない不良債権です。それが気になってエネルギーが分散されてしまうぐらいなら、さっさと償却してしまうべきです。

私の経験から、新しい分野の仕事をやってみて、そこで使わないスキルがわかってくるまで1年ぐらいかかります。そこで、最初から1年後をめどに不要なスキルを捨てることを決めておけばよいのではないかと思います。

第3章

個人名で勝負できる人だけが生き残る

――「激変の時代」を勝ち抜くための人材価値とは

個人名で勝負できる組織人だけが生き残る

私たちビジネスパーソンにとっての最大の資産が、自分自身であることは言うまでもありません。しかし、組織に依存して仕事をする時間が長ければ長いほど、その意識は希薄化していきます。本来は、自分という資産を生かして価値提供することで対価を得るという構造であるにもかかわらず、毎月定期的に給料が振り込まれることで、組織に社員として所属しているから対価をもらえるのだと勘違いしてしまうのです。

自分に責任を持って自律的にキャリアを築いていくためには、自分が所属企業と業務委託契約を結んでいる個人企業のＣＥＯ（最高経営責任者）だと考えるとよいでしょう。所属している企業のウツワの内側に、社員としての自分が１００％取り込まれているというこれまでの感覚を捨て、個人が企業というウツワと雇用契約によって外側でつながっていると位置づけるのです。

そう考えると、定期的に報酬を手にできるのは、その会社の社員だからではなく、会社に

図表3－1　個人企業のCEO感覚で組織と関わる

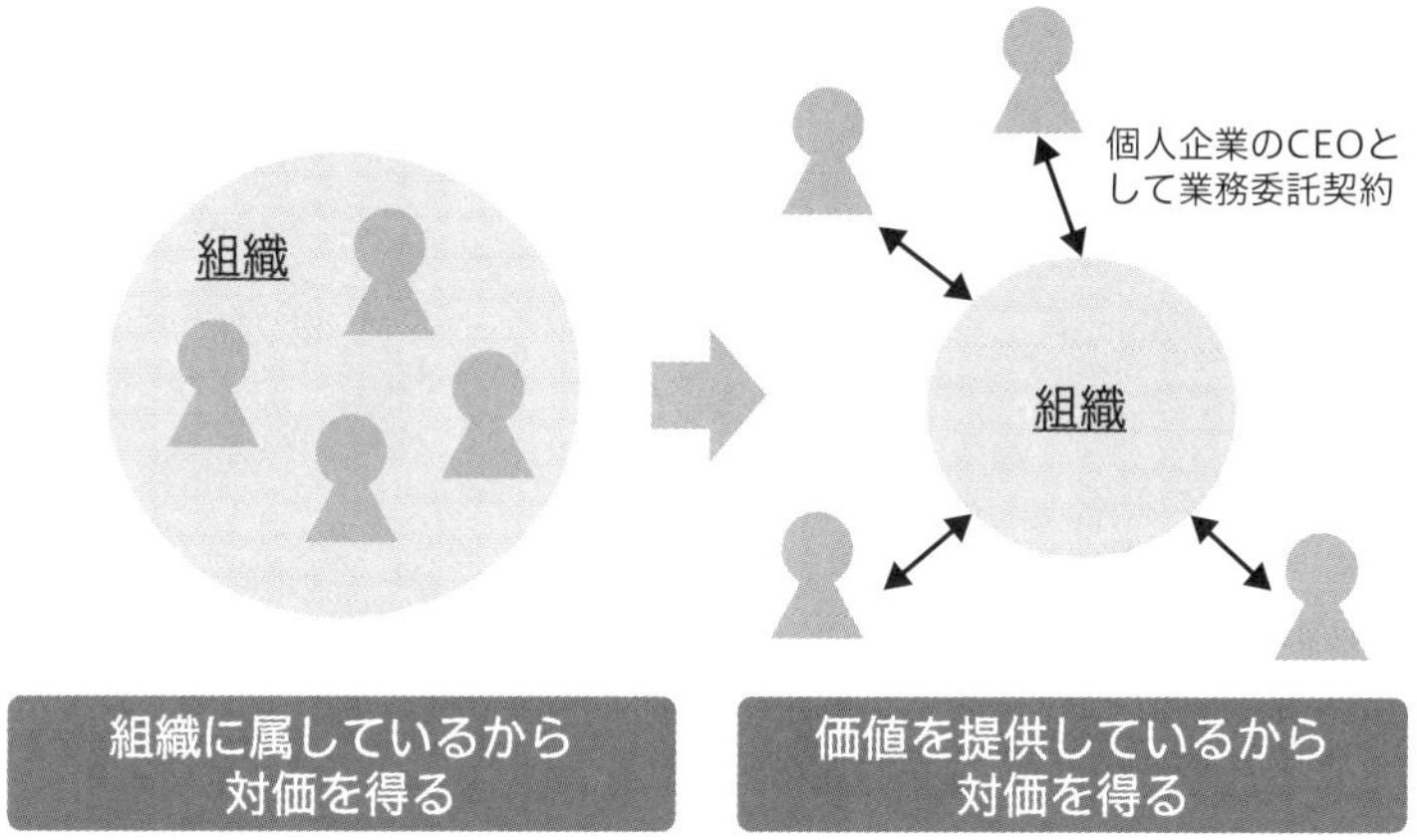

対して期待されているサービスを提供しているからだというように意識が変わります。いざとなれば、別の会社と業務委託契約を結べるだけの力を蓄積しておくことにも貪欲になるはずです（図表3－1）。

これは個としての独立心です。独立心の反対は依存心です。人や組織に依存しすぎると、依存している相手を恐れ、無条件に従うようになります。当事者としての問題意識や問題解決力がなくなり、やがて人材としての価値を失っていきます。

独立心を育むことを経営戦略の一環として具現化している企業があります。連結売上高4785億円、グループ従業員5000人を超える（共に2020年9月期）サイバーエージェントです。AbemaTVを通した動画配信やインターネット広告事業を展開する大企業ながら、29歳の本体取締役、新卒採用内定中に就任が決まった子会社社長など、若手にどんどん経営者としての活動機会を与えています。社員がやりたい事業を意思表明できる年1回の「スタートアップチャレンジ」という新規事業プランコンテストには、５０００人の従業員の中から１０００件を超える応募があったこともあるそうです（『サイバーエージェント　突き抜けたリーダーが育つしくみ』上阪徹著、日本能率協会マネジメントセンター、２０２０より）。

このような経営によって１００社以上の子会社が設立され、創業者の藤田晋社長がよく口にする「結果がすべて」「すべて自分の責任」「いざとなったら自分でやる」といった個人企業のＣＥＯ感覚を持った経営人材や起業人材が多数輩出されています。

さて、自分が個人企業のＣＥＯだと考えると、所属部署や役職などの肩書きではなく、「櫻田毅」といった個人名で勝負できるかどうかが問われてきます。「この件は開発第一部に協力を仰ぎたい」という組織的な関係ではなく、「この件は開発第一部の櫻田さんに協力を仰ぎたい」という、個人的なブランドを築けるだけの力を持てるかどうかです。

企業が急速な環境変化に対応していこうとすると、どの組織が担当すべきかが明確でない新規案件が次々と出てきます。そのときに経営者が思い浮かべるのは、組織の名前ではなく「できそうな人の顔」です。「第三開発課にやってもらおう」ではなく「高橋なら何とかしてくれるだろう」という判断によって、結果的に高橋第三開発課長のチームに声がかかることになるのです。

これは、「個人名で勝負できる組織人」と言い換えることもできます。

この表現は、東進ハイスクール講師の林修先生の言葉を参考にしています。東進ハイスクールという組織に属しながらも、「林修の」現代文講義が生徒の圧倒的な支持を受け、『林先生の初耳学』『林修の今でしょ！講座』などの個人名を冠したテレビ番組を複数持つなど、林先生自身が個人名で勝負できる組織人を体現しています。

第3章では、個人名で勝負できる組織人であるために必要な考え方や能力の生かし方について紹介します。

あなたは自分の「売り」を即答できるか？

ビジネスパーソンとしてのあなたの「売り」をひと言でアピールしてください。

もしあなたがこのように聞かれたとしたら即答できるでしょうか？

個人名で勝負できる組織人であるためには、ひと言でアピールできる自分のセールスポイント、すなわち人材としての「売り」が明確になっていることが必要です。個人名と「売り」がセットになっていることで、個人としての価値が認知されやすくなるからです。

化粧品メーカーで国際営業部門を統括してきた高井さん（仮名）という私の友人がいます。特に、東南アジア諸国の市場に精通し、各国の歴史や文化はもちろんのこと、国民がどのような嗜好で何を必要としているのか、現地人かと思うほどの知識量です。「高井さんと言えば東南アジア営業のスペシャリスト」という自他共に認める「売り」で、まさに、個人名で勝負できる組織人として活躍してきました。

高井さんが50代のとき、彼の「売り」を見込んだある食品メーカーから声がかかり転職します。扱う商品が化粧品から食品に替わっても、短期間で流通経路を把握して、そこで働く人たちとの関係をあっという間につくりあげ、60歳を過ぎたいまでもプレーヤーとして元気に活躍しています。

化粧品と食品には健康上の安全が厳しく問われるなどの共通点も多いため、「含有成分と健康」という専門要素をブリッジにすることができたことも、うまくいっている理由の１つだそうです。

このように、「○○（個人名）と言えば○○（売り）」といった個人名と売りがワンセットで広く認識されている人ほど、個人名で勝負できる人です。

これからは専門性が多様化かつ細分化されていく時代であり、そこで求められるのは、それぞれの分野で突出した能力を持つ人からなる人材ポートフォリオです。一人ひとりが自分が得意なことで最大限の貢献をすることで、全体としてのレベルが高いものになるのです。

逆に、何でもそつなくこなすが特段の「売り」がない人は、「何でもできるが何もできない人」と見なされて声をかけてはもらえないでしょう。

「売り」が成立するための3つの条件

経験と能力から形づくられる自分の特性が「売り」として成立するためには、次の3つの条件を満たしている必要があります。

①能力の水準が高いこと
②価値転換できること
③希少性があること

①能力の水準が高いこと

「売り」として成立するためには、能力が一定以上の水準であることが条件です。能力の水準とはその仕事の経験年数ではなく、たとえば、1万件のクレーム対応実績を持つクレーム対応の専門家、○○案件で買収側の責任者を務めたM&Aのスペシャリストなど、何をなしたか、何ができるかという実績ベースの証明を伴う力です。

いくら、「法人営業のスペシャリスト」だと称したところで、実績が伴っていなければ自称扱いされるだけです。

②価値転換できること

「売り」が対価を受け取ることができるだけのアウトプットを生み出せるかどうかです。「証券アナリストの資格を持っています」だけでは誰もお金を払いません。資格を取るだけの能力を生かして、自動車業界に特化した企業調査レポートを作成できる、起業3年以内のベンチャー企業に特化した企業分析ができるなど、どのように能力が発揮できるかが具体的にイメージできて初めて、それを必要としている人から対価を得ることができるのです。

「人の倍の努力ができます」「根性だけは負けません」なども、それだけでは対価を生まないため「売り」にはなりません。「だからなに？」と思う相手に対して、提供できる価値を具体的に示す必要があります。

③希少性があること

希少性とは、社内で10人とか日本で１００人など絶対数が少ないということではなく、自分と同等の「売り」を持っている人の数（供給）が、それを必要としている数（需要）と比べて相対的に少ないことです。

たとえば、Python（パイソン）というプログラム言語を使ってＡＩ関連のプログラムを組むことができる——このような人は、たとえ同等の能力を持った人が数万人規模でいたとしても、需要がそれを上回っていれば「売り」の要素になるでしょう。一方、円周率を5万桁まで記憶しています、では、たとえ世界に数人しかいなくても、マスコミなどからの需要があるのはたった一人の記録保持者だけで、ビジネス的な希少性はありません。

このように整理すると、もしかしたら「売り」のハードルが高すぎて自分には無理だと感じる方がいるかもしれません。しかし、この後に述べていくように、専門要素を組み合わせたり適用分野を工夫するなどにより、十分に通用する「売り」を持つことは可能です。

並の能力でも「合わせ技一本」で希少性が生まれる

1つの専門性で勝負しようとした場合、その専門性の水準の高低がそのまま希少性の高低となります。専門性の水準が高い人は需要に比べて供給が少なく、水準が低い人はその逆になるからです。手術の順番が数ヶ月待ちになる心臓外科医や、シニア・フェローなどの名称で企業が好待遇している世界レベルの特定分野の専門家などは、他を寄せ付けない圧倒的な専門性の高さが希少性を生んでいる例です。

一方で、実際の仕事においては、単一の専門性の水準を追求するだけではなく、複数の専門性をうまく組み合わせることで希少性を生み出したり、その希少性をより一層高い価値に転換することができたりします。

私が日興證券でクオンツ分析の仕事をしていたときのことです。

会社としても、投資家に合理的な資産運用商品を提供する「金融工学で先端を行く証券会社」、という戦略的な打ち出し方をしていました。全社員の名刺に『ＩＴの日興』（IT：Investment Technology，投資技術）というロゴを入れ、数学のノーベル賞と言われるフィールズ賞受賞者である、ハーバード大学の広中平祐名誉教授をキャスティングしたテレビＣＭも放映していました。

新聞や業界専門誌などのメディアを通して積極的にアピールするため、私の所属部署にも広報部を通して頻繁に取材依頼が来ていました。その際、ありがたいことに多くのケースで「できれば櫻田さんで」との広報部の指名が付いていたのです。理由は、「難しい金融工学のことをわかりやすく説明してもらえるから」というもので、「喩え話などで要点を的確に話してくれるので記事を書きやすい」と、メディアからの受けもいいとのことです。

当時、金融工学関連の仕事をしていた社員は50～60人。ほとんどが転職組のエンジニアで、東大数学科卒や京大物理学科卒など日本の知的水準の最高峰を行く人たちがゴロゴロしていました。それに比べて、私の数学レベルは彼らと比べて間違いなく平均以下でした。彼らにはできるが私には無理、という高等数学を駆使する領域があったのも事実です。

それでも、「それなりの水準の金融工学の専門家」および「難しいことをわかりやすく説明できる」という2つの能力を掛け合わせることで、メディアおよび広報部のニーズにジャストミートした数少ない社員となったのです。柔道で言えば「合わせ技一本!」でしょうか。

それぞれがナンバーワンではなくても、掛け合わせることでナンバーワンになれる——それが希少価値を生み人材価値を高めたのです。

合わせ技の「売り」は無限にある

「わかりやすく説明できる金融工学の専門家」という合わせ技による希少価値の効果はその後も続きます。

広中平祐博士との共同研究プロジェクトが始まったときのことです。複雑な市場の動きを数学の力で少しでも解き明かそうという狙いです。広中博士は数学の専門家ではあっても証券市場については門外漢であるため、社内の各分野の専門家が順番にマンツーマンでレクチャーをすることになり、私にもお呼びがかかったのです。

実際にお会いした広中博士は好奇心あふれる子供のような目で、次々と疑問をぶつけてきました。決して相手を威嚇したり論破しようとするのではなく、「こういう理解でいいのかな？」「ああ、そういうことですか」「いやー、面白いですね」などと返してくれるので、私も調子に乗って予定外のことまで話すことになりました。

知らないことに対しては予断なく謙虚に臨もうとする世界的な権威の学習姿勢に、自分もあらためて襟を正そうと思った貴重な経験でした。

また、後にノーベル経済学賞を受賞することになる、スタンフォード大学の名誉教授・ウィリアム・F・シャープ博士との共同研究プロジェクトにメンバーの一人として参加したときにも、社内外へのプロジェクトのスポークスマンのような役割を担うことになります。開発した資産運用モデルや投資商品に関する、新聞や雑誌のメディアへの対応はもちろんのこと、外部講演会の講師や、シャープ博士による社内講演会の前座まで務めさせていただきました。

合わせ技の組み合わせは無限にあります。ということは、自分ならではの「売り」の可能性も無限にあるということです。「私なんて」などと思わずに、自分が得意なことを客観的に振り返ってみてはいかがでしょうか。

人材価値を増大させる補助エンジンのスキル

私の人材としての希少性をつくり出してくれた「わかりやすく伝える」というスキルは、実はそれ単独で価値を生むものではありません。「伝え方の講師」などそれ自体を価値とするビジネスは別ですが、一般的にはあくまでも私にとってのクオンツ分析のようなコアとなる専門性に付加されてはじめて、独自のポジションを形づくることができる補助的なスキルです。ロケットの打ち上げに喩えれば、クオンツ分析というメインエンジンの周りに配置された補助エンジンの役割です。

ただし、わかりやすく伝えるというのは実はかなり高度なコミュニケーションスキルです。「わかりやすく」を小学生でもわかるように話すことと勘違いしている人もいますが、決してそうではありません。相手の関心、知識レベル、理解度合い、場合によっては相手の立場や感情の動きなどをその場で把握しながら、専門用語や喩え話、強調する点や話す順番などを個別にチューニングしていくスキルなのです。

私も最初は未熟でうまくいかないこともありましたが、たくさんの機会を与えてもらったおかげで、それなりの水準に高めることができました。そして、このスキルは補助エンジンであっても、その後の私のキャリアで重要な役割を果たすことになります。

米国企業で資産運用コンサルタントとして働くことになったとき、このスキルが顧客とのコミュニケーションやそれを通じた信頼関係づくりに大いに役に立つのです。

さらに、いまの講演や研修の講師としての仕事でも欠くことのできない重要なスキルとなっています。受講者を取り巻く環境や彼らが置かれた立場を理解し、いま彼らがどのような気持ちでここにいるのかを想像した上で、受講者にとって最大限意味のある時間にできるような進行が必要だからです。

このように、補助エンジンとしてのスキルは汎用性が高く、効果的に発揮することによってコアスキルの価値を増大させ、キャリアの可能性を広げる力があります。たかが補助エンジン、されど補助エンジンです。

無意識下の強みを引き出す自分への問いかけ

私の「わかりやすく伝える」というスキルは、もとはと言えば、自分が人からどう見られているのかということを気にする臆病な性格が功を奏したものです。相手の目が気になるからこそ相手のことに気づく――いまでは、このようにポジティブに解釈していますが、証券会社での経験がなければ、明確に意識できないままだったかもしれません。

私たちは意外と自分が持っている補助エンジンに気づいていません。しかし、どのような人にも、自分が人として持っている特性の中に、実は「強み」と言えるものが存在するはずです。それを自覚しないままでいるのは、あまりにももったいないことです。

自分の強みに気づくための1つの方法は周りの人に聞いてみることです。自分にとっては当たり前のことでも、人から見ると「すごいな」と思われることは意外とあります。

もっと簡単にできるのは、次のような質問を自分に投げかけてみることです。

・「なぜ他の人はこんな簡単なことができないのだろう」と思うことは？

（例）正しい日本語で正確に文章を書くこと

問題点を見つけて改善策を上司に提案すること

論文や専門誌で最近の技術動向をまめにウォッチすること

・仕事や生活などで、これまで人から注意をされたことがないことは？

（例）締め切りまでに仕事を間に合わせること

顧客向けプレゼンテーション資料の作成
会議での進捗報告

・人からよく感謝されるのは自分のどのような行いに対して？
（例）部下の成長を支援するとき
人の気づかない視点でアイデアを出したとき
誰かの小さな良い行いをメンバーと共有したとき

・自分が人から頼りにされるのはどのようなとき？
（例）部門間の利害調整やもめ事の仲裁
生産工程のトラブルシューティング
難しい顧客のクレーム対応

このような質問への答えの中に自分の強みが隠れていることがあります。それを自覚できれば、意図的に活用して磨いていくことで強い武器になります。

たとえば、突発的な出来事で仕事のスケジュールに狂いが生じても、常に締め切りまでに仕事を間に合わせることができているのであれば、それは、他の人から見たあなたの強みかもしれません。当たり前のように行っている優先順位づけや時間管理の方法、迅速な仕事のノウハウなど、あなたならではのスキルが人にとっては当たり前ではないのです。

もし、それが自覚できれば、あなたの専門性と組み合わせて、常に余裕で締め切り前に仕上げるスタイルを打ち出すことができます。スピード感があるという評価とともにあなたへの信頼感が高まり、より重要な仕事の機会を手にできるかもしれません。

分野を絞り込んだ「売り」は無敵の個人ブランドになる

合わせ技一本で自分ならではの「売り」を極めていくと、「高井さんと言えば東南アジア営業のスペシャリスト」という周りの評価が、「東南アジア営業のスペシャリストと言えば高井さん」という評価にパワーアップしていきます。個人名から「売り」へとつながるのではなく、「売り」を聞いて特定の個人名が出てくる状態になるのです。こうなれば、もう天下無敵です（図表3－2）。

日本で最もわかりやすく説明できるジャーナリストと言えば池上彰、経営者としての才覚

図表3－2　個人の「売り」から無敵の「売り」に

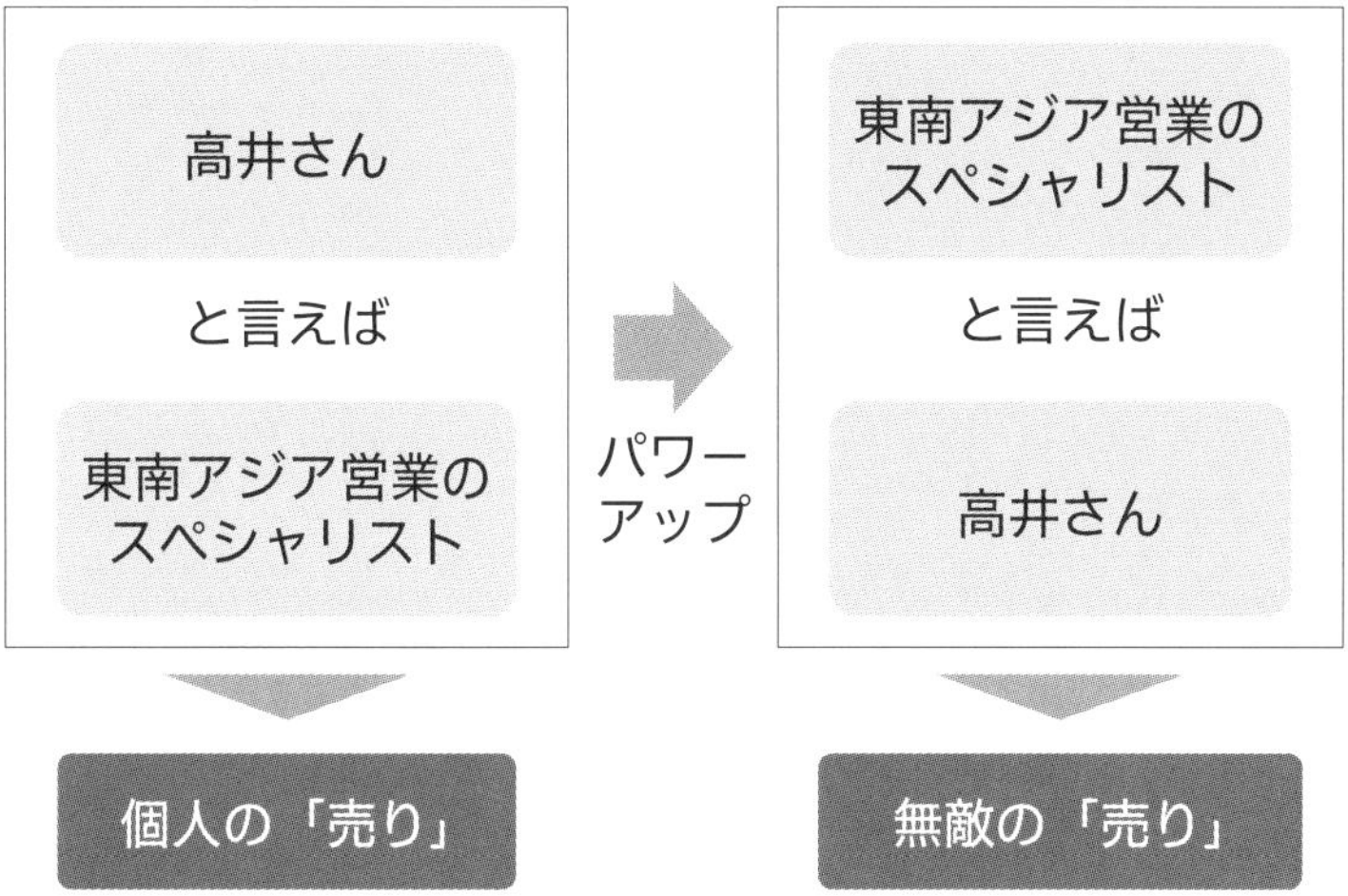

もあるワールドクラスの日本人サッカー選手と言えば本田圭佑、なども合わせ技一本で無敵の売りを築いた例です。

私たち普通のビジネスパーソンは、いきなり池上彰さんのような国民的なブランドを目指すのではなく、まずは、仲間内などの小さな範囲で個人ブランドを目指せばよいでしょう。それができたら次は部署の中で、さらに社内へと拡大。同業者の間に広がれば十分なブランドとなります。

分野特化の個人ブランドほど強いものはない

私が働いていた資産運用業界で、合わせ技一本の「売り」で圧倒的な個人ブランドを確立した方の例を紹介します。

1990年代に入ると資産運用の世界も本格的にグローバル化していき、欧米を中心とした外資系の投資顧問会社が日本のビジネスに参入してきました。顧客としての機関投資家の人たちに自分たちの存在を知ってもらうために、現地で米国株や欧州株の運用を行っている外国人のファンドマネジャーを日本に呼び、セミナーを開催することも増えてきました。しかし、問題となったのが参加者のための同時通訳です。

どの業界にも特有の専門用語や言い回しがあり、それを知らないと正しい通訳ができません。たとえば、資産運用における〝short position〟というのは「空売りのポジション」のことなのですが、その知識のない通訳は苦し紛れに「(期間の)短いポジション」などと訳してしまいます。証券市場や投資に関わる専門用語だけでなく、金融工学で使われている数学や統計学の専門用語まで理解している通訳は見当たらず、各社、事前の打ち合わせを入念にした上でヒヤヒヤしながら通訳をお願いしていたか、あるいは帰国子女などの社員が逐次通訳で対応する(時間は倍かかる)など苦労していました。

図表3－3　分野を絞り込んだ個人ブランドは強い

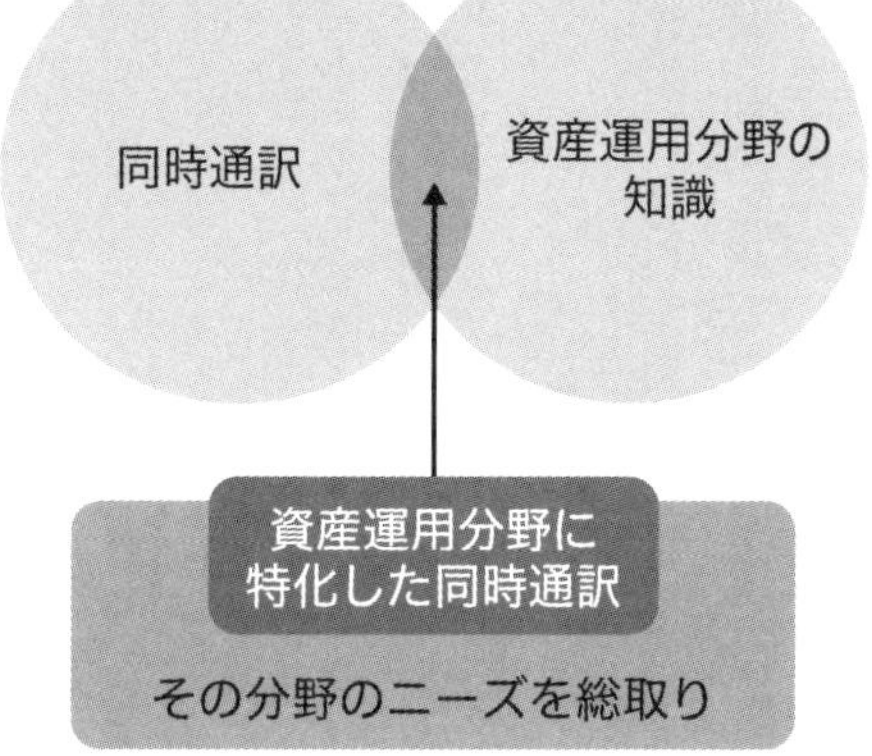

そのようなとき、岡山さん（仮名）という同時通訳者が現れます。特殊な専門用語をスピーディかつ的確に訳すことで実績を重ね、その評判が業界内に広がっていきます。やがて資産運用分野に特化した数少ない同時通訳者として、数ヶ月先でないと予約が取れないまでになります。私たちも、顧客向けのセミナーでお世話になったことがありましたが、文句のつけようのない完璧な同時通訳でした。

岡山さんの場合は、「同時通訳」と「資産運用分野の知識」という2つの専門能力の合わせ技で希少性をつくりあげ、「資産運用分野に特化した同時通訳者と言えば岡山さん」という圧倒的なブランドを構築されたのです（図表3－3）。

しかも、いくら同時通訳の能力があっても簡単に参入できる分野ではなく、競合者が過剰になってサービス価格の低下を引き起こすわけではありません。岡山さん自身も後進の育成に力を入れておられましたが、当時、私たち日本人が違和感なく聞くことができるレベルの通訳は、この分野では10人に満たなかったと記憶しています。

生産性を高めない限り、ジョブ型雇用でもゼネラリスト化は起きる

個人企業のCEOであれば自分が価値提供できる唯一のプレーヤーであるため、仕事を通じて当たり前のように能力の研鑽に励もうとします。一方で、日本企業では、企業規模が大きくなればなるほど管理職はマネジメントに専念することを期待される風潮があります。

理由としてよく耳にするのは、戦術策定や部下育成などのマネジメントを放置して、慣れているプレーヤー業務にうつつを抜かしてもらっては困る、という経営や人事の考え方です。プレーヤーから脱却して管理職にしかできないことに集中すべし、といった人事コンサルタ

ントなどの主張もよく見かけます。

しかし、このような考え方では、日進月歩の技術革新と環境変化についていけなくなり、管理職に昇格した時点からスペシャリストとしての戦闘能力が退化していきます。コミュニケーション力や組織運営力などは身についても、行き着く先はその企業の中でしか通用しないゼネラリスト――会社依存の「個人名で勝負できない組織人」です。

たとえ、雇用システムがジョブ型に変わったとしても、専門性の高いプレーヤーが管理職になった途端に過剰にマネジメントへの注力を求められたのでは、彼らは次々とゼネラリスト化してしまいます。それでは、ジョブ型雇用の狙いとしている専門人材の確保が中途半端となり、企業競争力も失われていきます。

解決策はマネジャーとしての生産性を高めること

そもそも、管理職はマネジメントに注力すべしという日本企業の発想は、「プレーヤーとしての仕事がマネジメントに支障をきたす」ということが理由となっており、これが米国企業と大きく異なる点です。

序章で述べたように、米国企業のマネジャーたちは、あくまでもプレイングマネジャーとして、これまで蓄積してきた専門性を維持・向上することにこだわります。理由は、①スペシャリストとしての自分の市場価値を高めるため、②その方がチームの成果を最大化できるからです。

特に②は、日本企業の発想とは正反対の「プレーヤーとしての仕事がマネジメントの質を高める」という信念に基づいています。優秀なプレーヤーである自分自身が戦力として加わることでチームの成果が高まるし、現場を皮膚感覚で理解し続けることがリーダーシップを発揮したり、マネジャーとしての的確な判断に役に立つということです。

ではなぜ、日米の企業間にこのような考え方の違いがあるのでしょうか?

それは、管理職の生産性に大きな差があるからです。米国企業のマネジャーは、迅速な意思決定によって第1章で述べた仕事と学習のサイクルを高速回転させることが、日常的な習慣となっています。

個人が明確な決定権を持っていることもありますが、私の感覚では、彼らは同じ時間で日本の平均的な管理職の倍の仕事をこなしており、その高い生産性で当たり前のようにプレーヤーとマネジャーの役割を両立させているのです(この点は、前著『管理職1年目の教科書』でも詳しく述べています)。

裏を返せば、日本企業の管理職が自分の仕事の生産性を高めれば、プレーヤーとマネジャーの役割を両立させ、相乗効果でより高い水準の価値提供をすることができるのです。

「即断・即行動・即修正」の隠れプレーヤーになる

このような背景を踏まえながら、実際問題として日本企業で働いている管理職の皆さんがどうすべきかを考えてみましょう。その部署の持ち上がりで管理職になった場合と、異動によって馴染みのない部署の管理職になった場合とでは状況が異なるため、分けて考えることにします。

まず、同じ職場でスタッフから管理職へと昇格した場合です。先ほど述べたように、たとえ雇用システムがジョブ型に変わっても、管理職に対するマネジメント偏重の考え方が変わらない限り管理職の専門性は希薄化していきます。

個別の状況は当事者によって千差万別だと思いますので、そのような状況でも、スペシャリストとしての能力を維持するためのヒントを何点か整理してみます。

①マネジメントに一定の時間を割くことは不可欠であるため、プレーヤーとしての仕事を半減させるが、半分はプレーヤーとしての時間を残す。私がコンサルティング部門で責任者になったときは、担当していた顧客の半分をメンバーに移管し、残りは引き続き自分で担当しました。

②自分が最高のプレーヤーとして仕事をしている姿を部下に見せることが、最も効果的な部下育成だと考える。もちろん、部下にもチャンスを与えて、それを全力で支援する。

③もし、プレーヤーとしての仕事が認められないのであれば、「隠れプレーヤーとして」仕事をする。たとえば、現場の実務は行わなくても、先端情報と知識を常にアップデートしながら、会議や対外交渉での専門的なやりとりを部下に任せず自ら行う。

④管理職として的確な判断をするために、現場のことは1から10まで把握できるよう努力をする。ただし、それはあくまでも管理職としての判断のためであり、把握はしても現場の仕事に余計な口出しはしない。

⑤それらの時間をつくり出すために、意思決定の軸となる判断基準をしっかりと持ち、「即断・即行動・即修正」を実践してマネジャーとしての生産性を高める。

⑥また、時間をつくり出すために、チーム内の頂点人材を引き上げることに自分の時間を使い、その下の部下育成は頂点人材に頼む。気になる問題児への対応に貴重な時間を使

いすぎない。

⑦定期的な1on1ミーティングで部下と密度の高いコミュニケーションをとることで、時間差なしでメンバーの仕事をサポートする。ただし、部下の意見に耳を貸しながらも、チームとしての決断は自分が行うことを宣言しておく。

⑧マネジメントの機会を、「戦略・戦術策定」「組織間交渉」「組織マネジメント」「コーチング」などのスキルを身につけるための絶好のチャンスだと前向きにとらえ、第1章で述べた「仕事と学習の高速化・良質化」の考え方で、マネジメントに関連した専門要素を増やしていく。

⑨管理職だからこそ持つことができる権限を徹底的に利用して、スタッフのときよりも大きく仕事を動かすことに挑戦し、高い専門性を持ったビジネスセンスのある人材への成長機会とする。

どのような状況であっても、基本は「即断・即行動・即修正」のスタンスでマネジャーとしての生産性を高めることです。それができれば、必ずプレーヤーとして使える時間をつくり出すことはできます。

会社の中でうまくやるゼネラリストではなく、どこでも通用するスペシャリストに

外資系資産運用会社の日本法人代表を長く務めた友人の沖田さん（仮名）は、開発途上国の経済動向を誰よりもよく把握していました。所属する企業グループの世界中のオフィスに出張して、現地の経済や市場を肌で感じ取りながら日本の投資家に対するビジネス戦略を練り上げるなど、市場と現場がわかる経営者としての存在感を示していました。

退職後は、即座に複数の大学から声がかかり、「金融ビジネス論」や「グローバル投資論」などの講座を担当しています。「経営者であっても徹底的な現場主義を貫き通したことで、このような機会をいただけているのです」と語っていますが、何より彼も、「即断・即行動・即修正」の達人でした。

繰り返しますが、私たちビジネスパーソンが一貫して目指すべきは、「会社の中でうまくやるゼネラリスト」ではなく「どこでも通用するスペシャリスト」です。

メンバーシップ型雇用で「ゼネラリスト落ち」しないために

さて、深い専門性がない異分野に管理職として異動した場合はどうでしょうか。特定のポジションで特定の仕事をすることを条件としたジョブ型雇用の外資系企業では、このようなことは原則として起きませんが、人に仕事を割り振っていくメンバーシップ型雇用の日本企業ではよく起きることです。

多くの人は、多少は新しいことを勉強しながらも、プレーヤーからチーム・マネジメントや調整仕事に注力するゼネラリストへの道を選んできたのではないでしょうか。詳しい仕事の内容はわからなくても、仕事が円滑に流れるような環境づくりを行ったり、これまでの人脈を生かして必要な協力体制をつくったり、あるいは、培ってきた交渉力を発揮して全体の仕事をサポートすることで貢献するのです。

その職場を最後に退職してそれ以上働くつもりがなければ、それでもよいでしょう。しかし、まだ心身ともに充実している40～50代や、この先もできるだけ長く働きたいと考えている60代の場合は、ゼネラリストが手にすることができる職の機会は、限られていることを覚悟しておかなければなりません。序章の冒頭で紹介した、再就職に苦労した日系企業の優秀なゼネラリスト・久保田さんのケースです。

そうならないための原則は、やはり必死で勉強して少しでもその分野の専門要素を吸収しようとすることです。ただ、プレーヤーとして実務を行うことを目指すのではなく、たとえば、次のようなことができる水準を目安とすればよいのではないでしょうか。

①仕事の内容をかなりの深さで理解して、メンバーと専門的な会話ができる。
②メンバーの意見を聞きながら自分の基準で専門的な判断ができる。
③部外や社外の会議、あるいは交渉で自分自身が専門家として話ができる。
④現場の実務はできなくても、技術的な特性を理解した上で問題解決が図れる。
⑤組織の専門性を理解した上で問題発見と価値転換のためのアイデアを出せる。

大切なことは、仕事の中身に技術的な点を含めて深く立ち入り、その分野に必要な新しい専門要素をいくつか身につけることです。この機会に専門要素を増やしておくことで、この先、自分の専門性を再構築していくときの持ち駒を増やしておくのです。この点が、「ゼネラリスト落ち」する人との大きな違いです。

ちなみに、ゼネラリスト落ちする人はその反対の状態になります。

①仕事の内容を深く理解していないので、専門的なことまではメンバーと話せない。

②メンバーの意見に流されたり、根拠のないメンバーへの信頼で判断をしようとする。あるいは判断できない。

③部外や社外の会議や交渉で、専門的な話はすべてメンバーに任せる。

④メンバーのあげてくる課題や問題がすべてだと考え、狭い範囲で解決を図ろうとする。

⑤専門的なことを深く理解していないため、ピント外れのアイデアを提示してチームを混乱させる。

マネジャーとしての経験を通して、交渉力やコミュニケーションスキルなどの対人関係のスキル（ヒューマンスキル）を磨く機会はあります。もちろんそれは大切なことですが、ヒューマンスキルはあくまでも補助エンジンです。メインエンジンとなる専門要素を新しく身につけなければ、個人名で勝負できる組織人としてのブランドを築くことは困難です。たとえ馴染みのない部署への異動であったとしても、コアとなり得る専門要素を増やす貴重な機会だととらえて、一定水準以上の実務の理解を目指すことで合わせ技一本の可能性が生まれてくるのです。

第4章

「偶然」をマネジメントする技術

——キャリアの大半は偶然の影響を受けている

どうあがいても、キャリアの大半は偶然の影響を受けている

私にも経験がありますが、管理職としての仕事が順調に行き始めると、何となくこのままずっとうまくいくような気がしてくるときがあります。自分のキャリアに対しても不安がなくなる、というよりは思考が止まってしまうのです。しかし、転機は必ずやってきます。

そのときになってあたふたとしないためにも、私たちはキャリアに関する本質的な考え方をしっかりと押さえておく必要があります。まず、そもそも私たちのキャリアはどのように形づくられているのでしょうか？

心理学者で米国スタンフォード大学のジョン・Ｄ・クランボルツ博士等の調査によると、「人のキャリアは偶然に支配されていると思うか？」という質問に対して、８割以上の人がＹＥＳと回答しています。

この結果を受けたクランボルツ博士の主張は、自分自身や周りの環境は変化し続けるため、そこで起きる想定外の出来事がキャリアに影響することは避けられない。従って、長期の

キャリアプランはほとんど意味をなさず、計画したキャリアへの固執はむしろ可能性を奪ってしまう。その代わりに、予期しない出来事に対する対応力を高めることや、好ましい偶然が起きるような行動習慣を身につけることの方が、キャリアにとってよほど意味があるというものです。

この考え方は、私のキャリアに照らし合わせてみても極めて納得性の高いものです。

私が造船会社で深海調査船の開発に携わったのは、次のような背景があります。①入社後の配属が本社の船舶基本設計部門だった、②国の深海調査船開発予算が承認されていた、③三井造船が設計業務を受注していた、④上司が櫻田に強度計算の仕事を命じた――そこに私の意思はまったく介在していません（図表4－1）。

もし、配属が工場であったなら、国の予算が承認されていなかったなら、会社が受注していなかったなら、上司が別の社員に仕事を命じていたら――おそらく私は深海調査船に関する仕事ではなく、タンカーやコンテナ船などの一般商船に関する仕事をしていたでしょう。

証券会社への転職も、①深海調査船の担当業務が一区切りついた、②その時期に証券各社の理科系人材の中途採用が始まった、③たまたま新聞で日興證券の人材募集広告を目にした――このような偶然が重なっています。もし、目にしたのが別の証券会社の募集広告であっ

図表4－1　仕事は偶然の積み重ね

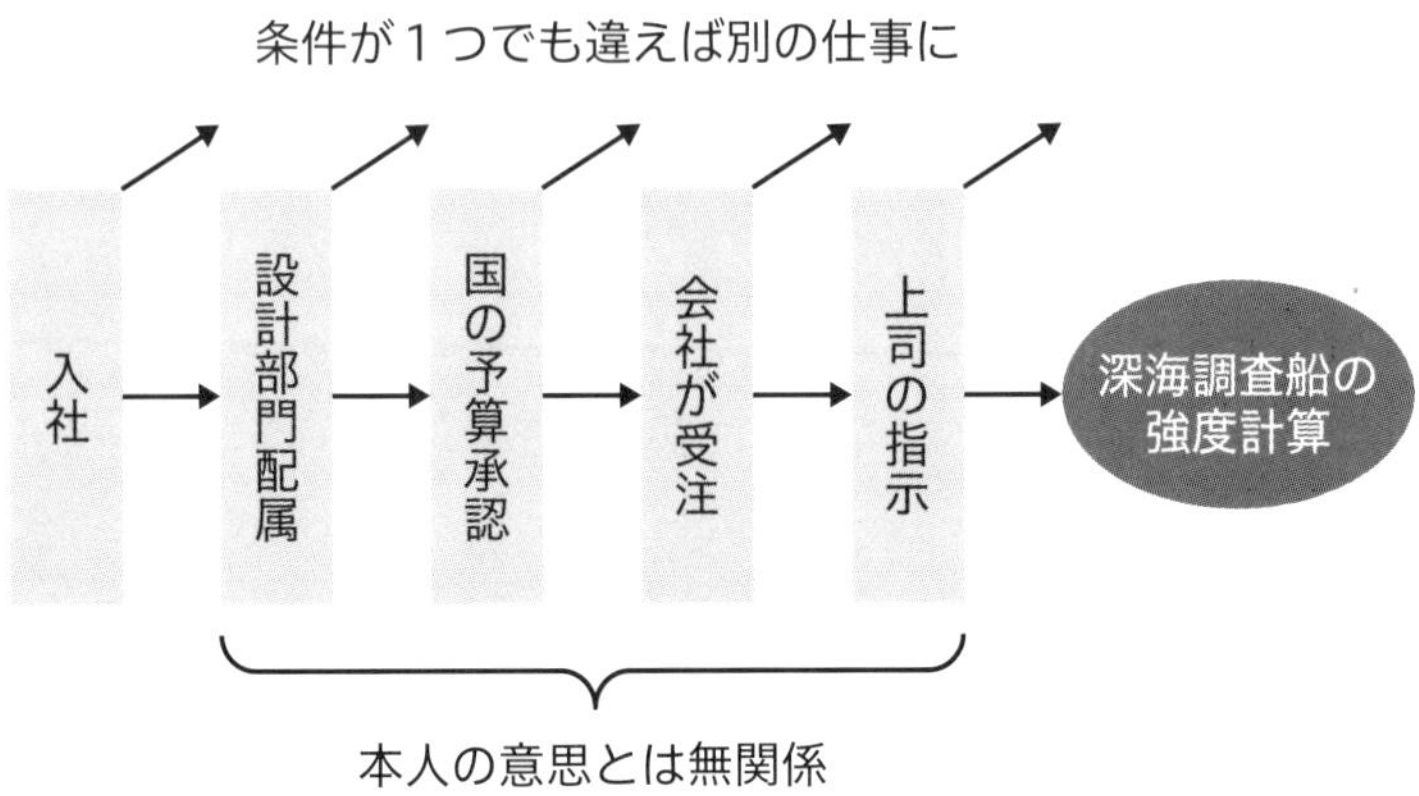

たなど、条件が1つでも違っていたら、やはり私は違ったキャリアを歩んでいたと思います。

このような自分の経験を振り返れば振り返るほど、人のキャリアは偶然に支配されているというクランボルツ博士の主張は実感を伴って納得できるものです。

自律的なキャリアを築くための3つの行動原則

では、私たちは、自分のキャリアをすべて偶然に委ねなければならないのでしょうか？

もちろん、そのようなことはありません。どのような偶然が起きるかはわからなくても、起きたことに対してどう対処するかは自分の

図表4－2　偶然をマネジメントして自律的なキャリアを築くための3つの行動原則

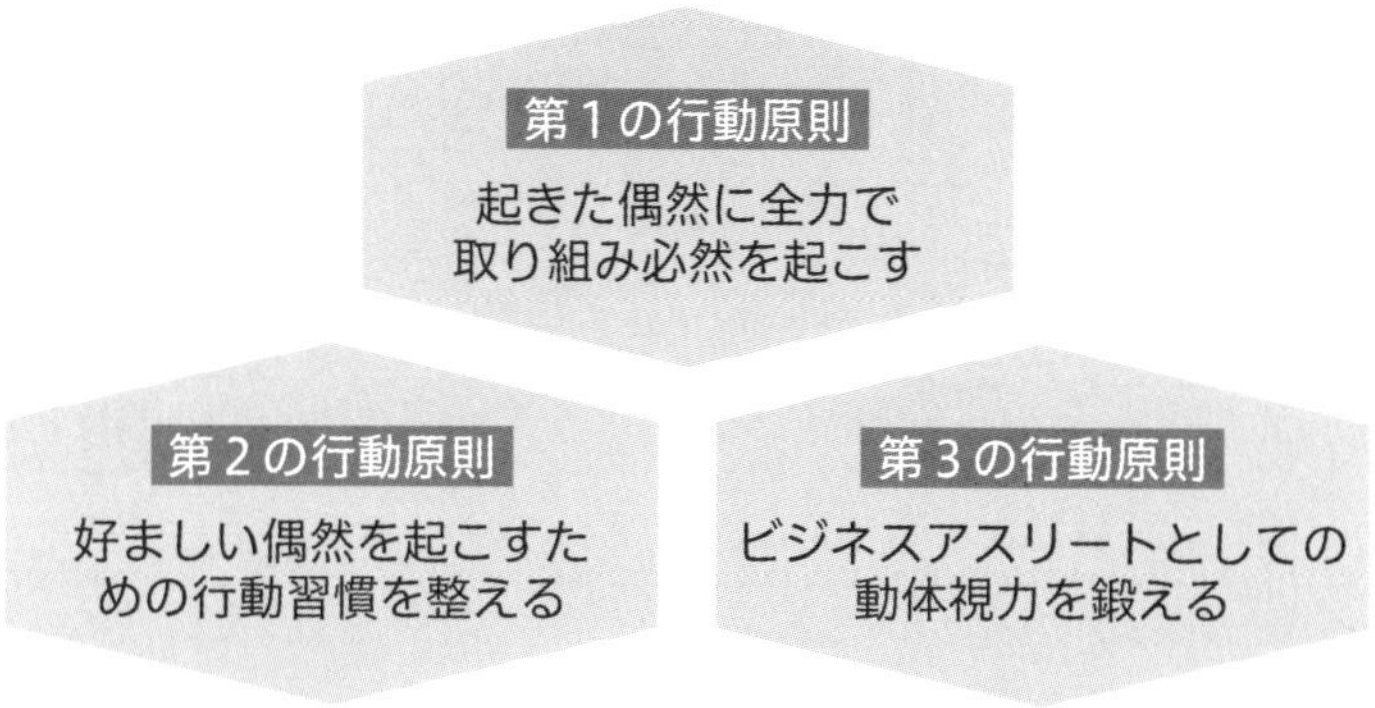

意思でコントロールできるからです。さらに、適切な思考と行動の習慣によって、好ましい偶然が起きる可能性を高めることさえできます。

この先、私たちが可能な限り自分の意思を反映したキャリアを自律的に築いていくためには、キャリアにおける偶然の存在をうまくマネジメントしていくことが極めて重要になっていきます。

第4章では、リーダーシップやマネジメントなどと比べて、ビジネスシーンにおいて取り上げられる機会があまりなかった、自律的なキャリアのための「偶然のマネジメント」を、3つの行動原則とともに紹介します（図表4－2）。

第1の行動原則：起きた偶然に全力で取り組み必然を起こす

私は、大学で造船学を専攻していたときには、タンカーやコンテナ船などの大型商船の設計・建造に魅力を感じていました。当時の日本は世界の船舶建造量の半分以上を占める世界最大の造船大国であり、7つの海を駆け巡る美しい船の姿を思い浮かべながら、世界一の国で世界一の仕事をするという夢を持っていました。

ところが、入社してほどなく、深海調査船の開発プロジェクトに携わることになります。しかも、深海という超高圧にも耐える容器（耐圧容器）の強度計算・設計です。大学で専門としていた流体力学とは異なる別の専門性を必要とする仕事でした。

専門的な話で恐縮ですが、単に水圧に耐えるだけの構造でよければ、特殊合金の容器の厚さを極端に厚くすれば何とかなります。ただ、必要以上に頑丈にしてしまうと重量が増え、それに伴いバッテリー容量や関連装備の重量も増え、コスト増になってしまいます。

この仕事の難易度を高くしていたのは、設計深度の水圧に十分耐えるだけでなく、経済的な合理性の点から、設計深度の数割増しの指定された水圧で「必ず潰れる（圧壊する）構造」となるよう設計することが条件となっていたことです。

予期していなかった仕事でしたが、どのような仕事でも必ず結果を出すエンジニアでありたいとの思いがありました。先輩の助けを借りながらコンピュータによる計算を繰り返しつつ、文字通り寝食を忘れて取り組みました。最終的には実物大の容器を製造し、顧客立ち会いの下で徐々に水圧をかけて、指定圧力で実際に圧壊することを確認するという実験を行いました。実験は大成功で、私にとって初めての大きな成果となります。

この実績を評価してもらった結果、次に何が起きたかというと、続けて会社が受注した２機目の深海調査船の開発においても、再び私が強度計算を担当することになるのです。１機目が水深３３００メートルの深度であったのに対して、今度は水深１万メートル、すなわち、地球上の最深部マリアナ海溝まで潜行できる調査船です。

私自身が気づかないうちに、社内で深海調査船の強度計算の専門家という位置づけになっていたようです。

どのような必然を起こすかは自分の意思が影響する

深海調査船の仕事を担当したのは、私にはコントロールできない偶然の積み重ねの結果です。しかし、その仕事に全力で取り組むというのは自分の意思でコントロールしたことです。そして成果を出すことによって、２機目の仕事を指名されるという必然を起こすことができたのです。

もし、私が希望しない仕事を与えられて、ふてくされていい加減にやっていたとしたら、うまく成果を出すことができずにその後は違うキャリアになっていたかもしれません。ただし、それも、「いい加減にやる」という自分の意識で行った選択がもたらした必然です。

米国・ボストン交響楽団の音楽監督を30年近く務めてきた世界的指揮者の小澤征爾氏は、子供のころはピアニストを目指していたそうです。しかし、中学生のときに親に隠れて所属していたラグビー部の試合で右手人差し指を骨折して、その夢が絶たれることになります。

ピアノで師事していた先生から指揮者という道があることを教えられ、気持ちを切り替えて全力で取り組んだことで、ベルリン・フィルやウィーン・フィルなどの世界的一流オーケストラとの共演を繰り返す大指揮者になります。

偶然をマネジメントして自律的なキャリアを築くための第1の行動原則は、「起きた偶然に全力で取り組み必然を起こす」です。

「肯定の思考習慣」という ファイティングポーズをとる

「起きた偶然に全力で取り組むべしというのは頭では理解できても、望んだ仕事ではないのでモチベーションが上がりません」。このような相談を受けることがあります。「では、別の仕事をすればいいのではないですか」と質問すると、「それはできません。会社が決めた仕事ですから」とのこと。

このようにおっしゃる方は２つの勘違いをしています。

１つ目の勘違いは、別の仕事をすることは「できない」のではなく「できる」のです。転職すればいいわけですから。収入面などの転職リスクを覚悟して別の仕事をすることはできるのです。にもかかわらずそうしないのは、いまの仕事を続けることを自分で選択していることに他なりません。別の仕事は「できない」のではなく、別の仕事を「やらない」という選択をしているのです。

もちろん、その選択に善し悪しはありませんが、大切なことは、「いまの仕事をする」という選択を自分でしていることを自覚し、そのことに責任を持つことです。

2つ目の誤解は、モチベーションが上がらないのは仕事のせいだと考えていることです。配属先を自分の意思で決めることができない日本の企業では、かなりの割合の人が希望と関係なく仕事を与えられています。それを理由にしてやる気をなくす人がいる一方で、それでも生き生きと楽しそうに仕事をしている人もたくさんいます。

私の知人で流通業界から証券会社に転職した星野さん（仮名）もその一人です。本人の希望は株式部門でしたが、配属されたのは債券部門です。債券と株式とでは、扱う商品、顧客、必要な知識やスキルがまったく違います。しかし、どうせやるなら世界の投資家を相手に商売がしたいと、得意の英語を駆使して外国人投資家と大きな商いを行うようになります。

その仕事ぶりが認められて米国法人に異動となり、本格的にグローバルな仕事をするチャンスが巡ってきます。著名な大手投資家を次々と顧客化していき、その実績を手に、数年後に幹部社員として凱旋帰国します。「世の中にたくさんある仕事の中で、いま出会ったものを大切にしようと思った。自分で決めた転職ですから」とのことです。

仕事がモチベーションを決めているのではなく、仕事に対する自分の考え方がモチベーションを決めているのです。その仕事をやるという選択をした以上、状況がどうあれ、モチベーションにも自分で責任を持つべきです。

では、仕事のせいでやる気が起きないと考える人と、どのような仕事でも機会を生かそうと考える星野さんのような人との違いは何でしょうか？　それは、「思考習慣（思考のクセ）」の違いです。

「学べることがあるとすれば何だろう？」と自分へ問いかける

思考習慣には「否定の思考習慣」と「肯定の思考習慣」の2つがあります。「否定の思考習慣」とは自分に都合の悪いことはすべて否定することで、問題に向き合おうとしない思考です。

たとえば、

・この仕事では自分のスキルが生かされない。
・自分がこの仕事をやらされるのはおかしい。

・この仕事は望んだものではないからやる気が起きない。
・この仕事ではこれまでの人脈を生かすことができない。
・こんな仕事を与える上司を自分は認めない。
・この仕事では自分の経験が生きないので、たいした成果は出せない。

気持ちはわかりますが、否定するだけで何もしないためモチベーションは上がらず、「たいした成果は出せない」と自分で考えたとおりの結末になります。周りからは「できないやつ」と思われて終了です。

これに対して、機会を生かすことができる人は「肯定の思考習慣」を持っています。たとえ好ましくないことでも、起きたことの中に自分にとってプラスになる何かを見いだそうとする思考です。頭の中では次のような言葉が発せられています。

・この仕事で身につけるスキルがあるとすれば何だろうか？
・この仕事でどのような知識を増やすことができるのだろうか？
・この仕事で顧客を笑顔にするためにはどうすればよいのだろうか？
・この仕事で新しい人脈を築くにはどうすればよいのだろうか？

図表4－3　思考習慣の違いが結果を変える

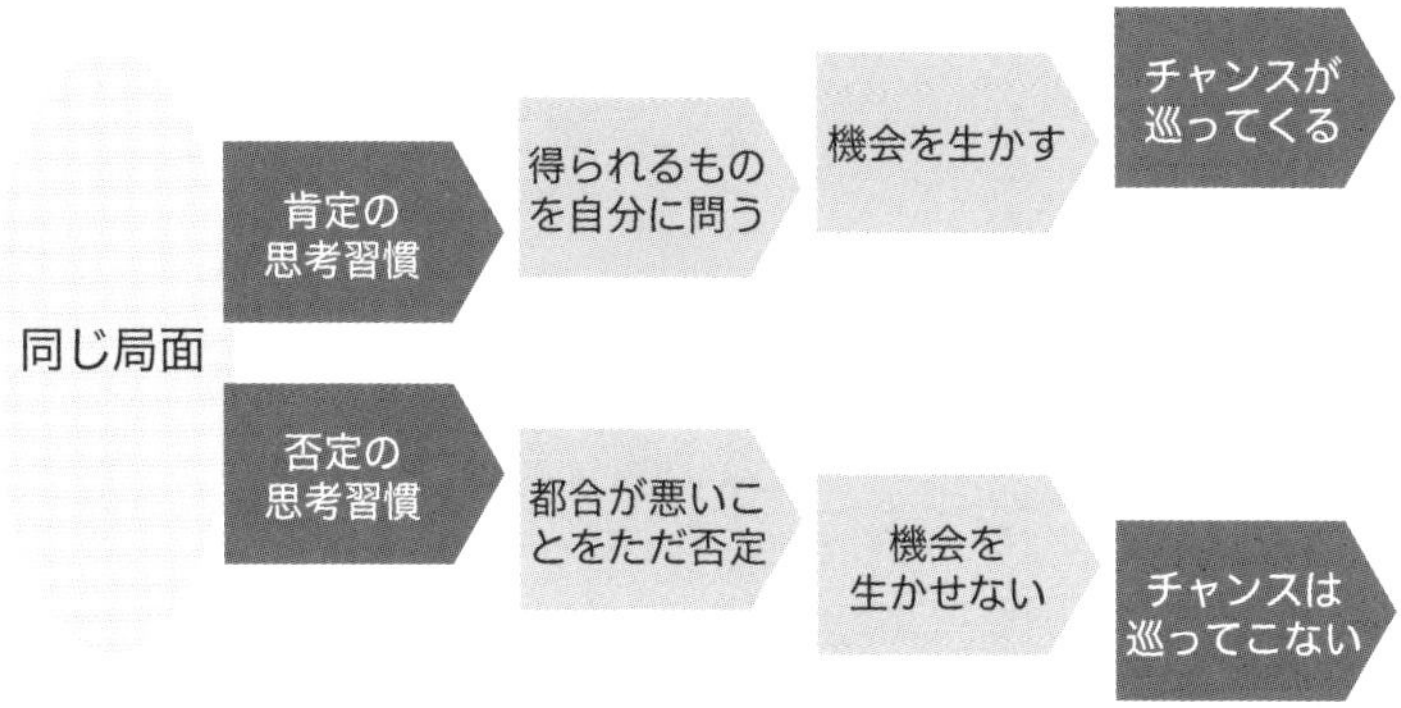

・この仕事で認められれば、先には何があるのだろうか？
・この仕事でどのような自分の能力を会社にアピールできるのだろうか？

どれも、肯定的な答えを求める自分への問いかけです。第1章で述べたように、人は質問されると頭の中に空白の回答欄をつくります。回答欄を見つけた脳は、質問に即して肯定的な答えを見つけようと動き始めます。

機会を生かそうとする人は、仕事の内容を変えることができないのであれば、仕事に対する自分のとらえ方を変えようとします。肯定の問いかけで仕事の中に意味を見いだそうとすることで、仕事への意欲が高まり結果を出しやすくなり、機会を生かしてチャンスが巡ってくる確率を高めることができるのです（図表4－3）。

これは個人だけの問題ではなく、管理職が「否定の思考習慣」と「肯定の思考習慣」のどちらで仕事をしているかによって、チームの空気と活力が大きく異なってきます。管理職が上司や会社への不満や批判を口にしていると、チーム全体が「否定の思考習慣」となり、部下も同じように上司や会社を批判するようになります。人の悪口を言っている上司の悪口を部下が言っている、というのは職場でよく見かける光景です。このようなチームは良い結果を出せません。

反対に、管理職が率先して「肯定の思考習慣」で仕事をしている姿を示すと、チームの空気も前向きなものになり活力も出てきます。一人ひとりができない理由を主張するのではなく、どうしたらできるようになるのかを考えるチームは、良い成果を出すチームです。

思考のクセに気づくための仕掛けをつくる

思考習慣は「クセ」ですから、気がつけば自分の意思で直すことができます。もし自分が否定の思考習慣を持っていると思うのであれば、日常の中にその「クセ」に気づくような仕掛けをつくることで習慣を変えていくことができます。

たとえば、机の目につくところに「そこから何を学べるか?」と書いた紙を貼っておきます。無意識に否定の思考をとっているときにその紙を目にすれば、否定の思考をとっている自分に気づき、あらためて肯定的な問いかけを自分にし直すことができます。「いま、肯定の思考ですか、否定の思考ですか?」という文章をパソコンのスクリーンセーバーに設定するのも、「クセ」に気づくための仕組みの1つです。

「クセ」に気づいて肯定的な問いかけをする——これを繰り返しているうちに、意識しなくても肯定的な思考ができるようになってきます。

偶然をマネジメントするための第1の行動法則「起きた偶然に全力で取り組み必然を起こす」は、どのような仕事に対しても、肯定の思考習慣というファイティングポーズで臨むことで実践しやすくなります。

第2の行動原則：好ましい偶然を起こすための行動習慣を整える

クランボルツ博士は、人のキャリアは大きく偶然に左右されるとしています。しかし、日頃の行動次第で好ましい偶然が起きる可能性は高まり、その結果、キャリアをより良いものにすることができるとも主張しています。現代のキャリア理論に実務的な見地から大きな影響を与えた、「計画的偶発性理論」（Planned Happenstance Theory）です。

第2章で紹介した翻訳家の漆嶋稔さんですが、彼が銀行員から翻訳家へと転身していく過程を、この計画的偶発性理論に照らし合わせてみることで多くの示唆を得ることができます。

漆嶋さんは、入社した銀行の支店で一通りの仕事を経験した後、外国為替の事務部門へ異動になります。営業成績が伸び悩んでいたころ、通勤電車の中で毎日欠かさず英字新聞を読んでいるのをたまたま見かけた先輩が、「彼は営業よりも海外業務の方が向いているのではないか」と上司に進言してくれたことがきっかけでした。

得意な英語を使った仕事が認められて、やがて北京への駐在となります。中国ビジネスの可能性調査と中国語の研修を兼ねたものでしたが、それ以降、香港、上海を含めて10年間を中国で働くことになります。しかし、帰国後に「銀行の仕事は自分には向いていない（本人談）」と翻訳家の道へと転じます。たまたま奥様が興味本位で受講していた、翻訳の通信講座をやってみたら意外とできたので、直感的に「これだっ！」と思ったそうです。

漆嶋さんのキャリアにも、英字新聞を読んでいるのをたまたま見かけた先輩、ちょうど銀行が中国ビジネスを調査し始めた時期、翻訳の通信講座をたまたまやっていた奥様などの偶然が大きな影響を与えています。

さらに偶然の影響は続きます。翻訳の仕事を始めてすぐに、そのことを知ったかつての中国のテニス仲間から翻訳仕事の依頼が来たとのこと。さらに、帰国後に奥様が勤めていた会社の翻訳業務を、奥様の声がけで試験的にやらせてもらったこと。それが評価されて、その後、継続的に仕事を受注することができるようになったとのことです。

たまたま一緒にテニスをしていた仲間からの仕事、たまたま奥様の勤め先に翻訳業務があったことなども偶然です。漆嶋さんは、このようにして実績を積み上げながら、ビジネス翻訳から書籍翻訳へと仕事の幅を広げていかれます。

５つの行動習慣を持つ

クランボルツ博士は、好ましい偶然が起きる確率を高めるために、次の５つの気持ちで行動する習慣を提唱しています。

・好奇心（常に機会を探し続けること）
・持続性（あきらめずに努力し続けること）
・柔軟性（広い視野で考え方や行動を変えること）
・楽観性（必ず機会はやってくる、何とかなると可能性を信じること）
・冒険心（結果がわからなくてもリスクをとって行動を起こすこと）

漆嶋さんはいくつもの偶然に出会いながらも、それらを確実にモノにしてきました。「好奇心」で奥様の通信教育をやってみて、「柔軟性」のある発想で銀行を退職して翻訳家になろうと思い、「冒険心」でリスクをとってそれを実行する。そこには、何とかなるだろうという「楽観性」と、英字新聞を毎日欠かさず読み続けた「持続性」もあります。漆嶋さんはクランボルツ博士があげた５つの行動習慣をバランスよくとっておられたように思います。

人のキャリアに対して偶然が大きな影響を与えることを受け入れながらも、好奇心、持続性、柔軟性、楽観性、冒険心という5つの気持ちで行動する習慣を持つことで、好ましい偶然が起きる確率を高めることができるのです。どのような仕事に対しても肯定思考でファイティングポーズをとることも、好奇心や柔軟性、楽観性などの表れです。

偶然をマネジメントして自律的なキャリアを築くための第2の行動原則は、「好ましい偶然を起こすための行動習慣を整える」です。

ちなみに、漆嶋さんはこのようにも語っています。

「私の人生は、ほとんどが偶然の積み重ねです。しかし、起きているすべてのことには必ず意味があり、無駄な時間というものは過去に一瞬たりともなく、今後もそうだと思います。だから、目の前の仕事に全力を尽くそう、そう思って毎日を暮らしてきたことが良かったのだと思います」

「起きた偶然に全力で取り組み必然を起こす」という第1の行動原則もしっかりと実践してこられたのですね。

人類最強の武器「好奇心」が
サバイバル力を高める

５つの行動習慣の中の「好奇心」が決定的な人生の転機を生み出すこともあります。日本プロ野球史上初めて50歳までマウンドに立ち続けた、元中日ドラゴンズの投手・山本昌《まさ》氏の講演会でこのような話を聞きました。

自分が50歳まで投げ続けることができた最大の理由はスクリューボールという変化球。出会いは、入団後４年間で勝ち星ゼロのまま実質戦力外扱いで派遣された、米国マイナーリーグの４軍相当の球団。たまたまチームメートのメキシコ人内野手が、ふざけながら奇妙に曲がる球でキャッチボールをしているのを見かけたので、好奇心に駆られて投げ方を教えてもらった。それがスクリューボールだった。

スクリューボールで打者を打ち取っている試合のビデオを観た当時の星野仙一監督から帰国命令を受けて、優勝争いをしていたチームに加わり、スクリューボールを決め球に５勝無敗でリーグ優勝に貢献できた。

その後、「スクリューボールの山本昌」という看板を背負いながら投げ続け、最年長ノーヒットノーランや最年長完封勝利など、11個の最年長記録を打ち立てながら通算２１９勝の名球会投手となります。

たまたま留学したマイナーリーグで、たまたま見かけたスクリューボール――この偶然が、本人曰く「どん底」だった野球人生を大きく変えたとのことです。

しかし、その偶然は彼の選択の結果起きたものです。もし、米国留学を断っていたら。もし、真面目に練習に出ていなかったら。もし、チームメートに無関心だったら。もし、教えを請うことをしなかったら。もし、試合で試そうとしなかったら。どれか1つでも当てはまったら、その後の山本昌はなかったでしょう。

特に、決め手となったのが、派遣先がたとえ4軍相当のチームであっても、あらゆることに興味を持って吸収しようとする好奇心です。好奇心があったからこそ、チームメートが遊びで投げていた球に興味を持ち、教えを請うという行動に移せたのです。

人類を絶滅の危機から救った「好奇心」

米国アリゾナ州立大学のカーティス・マレアン博士によると、好奇心は人類を絶滅の危機から救った可能性もあるとのことです。

　私たちの祖先であるホモ・サピエンスがアフリカ大陸で種として独立したのち、一時絶滅の危機に瀕したことがあります。約19万年前から始まった気候変動によって、大陸の乾燥化、砂漠化が進み、食料としていた果実や動物が手に入らず、人口が数千人にまで急減したのです。食料を探しながら移動したサピエンスが行き着いた場所の1つが、南アフリカ南端のピナクルポイントという岬。

　森や草原に住んでいた彼らがそこで初めて目にした「貝」を食べてみたことで、新たな食料を手に入れます。人類を絶滅の危機から救ったのは、そのような好奇心だったとマレアン博士は語っています。

　マレアン博士は、いま地球上にいる約78億人の人類の遺伝子の違いが極めて小さいのは、気候変動を乗り切れなかった多くのサピエンスが死んだことで遺伝子の多様性が失われ、生き残った数千人のサピエンスの遺伝子のみが現在に受け継がれていることが理由だとしています（ボトルネック現象）。

　私たちは、見慣れぬものを口にすることで生き残った、遠い祖先の好奇心というDNAを受け継いでいます。この好奇心という気持ちは、実際の行動によって磨かれ、育まれていきます。自分の周りで起きている様々なことの中で少しでも面白そうだと思うものがあれば、実際にやってみたり、話を聞いてみたりするといった行動を起こすことです。その一歩が、心の中に眠っている好奇心のＤＮＡを呼び覚ますことになります。

第3の行動原則：ビジネスアスリートとしての動体視力を鍛える

長期キャリアプランを捨てる

キャリアプランをつくる方法の１つとして、「10年後のなりたい姿をイメージして、そこからさかのぼっていま何をすべきかを考える」というものがあります。イチロー選手が小学校時代の作文に「一流のプロ野球選手になる」という夢を、本田圭佑選手も同じように「世界一のサッカー選手になる」という夢を書いていたことなどを引用して、なりたい将来像を明確にして、そこへ向かって努力することが成功の秘訣であるという考え方です。

しかし、冷静に考えれば、このような考え方はまったくナンセンスであることがわかります。小学校の作文で「プロ野球選手になりたい」「Jリーガーになりたい」と書いた子供はたくさんいるでしょうが、そのうち何人が実際になれたのでしょうか。ごく一部の人たちです。将来の夢を言葉にしても、かなわないことの方が多いのです。

逆もしかりです。仮に、一部上場企業の社長になることがビジネスパーソンとして成功だと定義したとすると、はたして現在の社長のうちの何人が子供の時に「社長になりたい」と作文に書いたのでしょうか。限りなくゼロに近いと思います。

つまり、作文に書いていたとおりの夢を実現した人はごくわずかであり、逆に、いまの成功している姿を作文に書いていた人も、おそらくごくわずかです。イチロー選手や本田圭佑選手は極めて例外的な事例なのです。もちろん、子供に夢を語ってもらうこと自体を否定しているわけではなく、例外的な事例をあたかも普遍的な法則のごとくねじ曲げて、大人のキャリアプランに持ち込むべきではないということです。

将来像を定めて逆算して立てたキャリアプランは、取り巻く環境がその時点と変わらず、自分の考え方も変わらないということを前提としています。しかし現実は、将来像を語っている最中にも環境は刻々と変化していますし、様々な経験をしていくうちに、自分の能力や将来に対する考え方も変わっていきます。にもかかわらず、10年先の自分の姿を目標として固定するようなキャリアプランは、起きている変化に対応できないばかりか自分の可能性を切り捨てるものです。

さすがに、最近はこのようなキャリアプランの考え方は下火になってきたようですが、それでも、修正してもいいから10年先を考えようといった、かなり先の将来像のイメージにこだわる考え方は根強く残っています。

将来を予測するのではなく「いまを正しく見る」

キャリアを自律的に築いていくために必要なことは、将来を予測したり、10年後の姿をイメージしたりすることではありません。私たちがすべきことは、目の前で起きている「いま」を正しく見て、必要なときに必要なことに気づくための動体視力を鍛えることです。

私が証券会社に転職するきっかけは偶然見つけた新聞の募集広告でしたが、応募してみようと思ったことには伏線があります。

そのとき定期購読していたビジネス誌で、ある専門家が寄稿した「トン・キロ・グラムの視点による日本の産業構造の変革」という記事を目にします。製品の重さあたりの付加価値に着目して、日本の産業の主役が鉄鋼や造船の「トン産業」から自動車や家電の「キロ産業」へ、さらに電子部品や半導体の「グラム産業」へと移行し、いずれ、通信やサービスなどの重さのない「ウェイトレス産業」へと変革していくことが、根拠となるデータとともに理路整然と述べられていました。

「へえ、そのように日本が変わっていくのか」と思っているときに目にしたのが、偶然目にした雑誌の記事と新聞広告によって、ウェイトレス産業としての証券業界に興味を持つことになるのです。それまで私は、一度も長期的なキャリアプランなど考えたことはありませんでした。ビジネス誌などを通して視野を広く持っていたことが目の前の変化に対する動体視力を鍛えて、必要なタイミングで必要な情報に気づくことができたのだと思います。

偶然をマネジメントして自律的なキャリアを築くための第3の行動原則は、「ビジネスアスリートとしての動体視力を鍛える」です。

実は、この話には後日談があります。第2章で紹介した、「水準・方向・勢い」という3つの視点を教えてくれた証券会社入社時の上司・大森さんから転職のきっかけを聞かれたときのことです。したり顔で例の記事の話をすると、「その記事を寄稿したのは私ですよ」と大笑いしているのです。執筆者の名前まで覚えていなかったのですが、転職を後押ししてくれた記事を書いた人が上司として目の前にいるという奇跡にただ驚くばかりでした。しかし、それがビジネス誌の定期購読という習慣から始まった、私の一連の判断が行き着いた先であることは事実であり、やはり何らかの必然がそこにあったのではないかと思います。

「IPOトレーニング」で いまを正しく理解する

動体視力とは「いまを正しく見て、必要なときに必要なことに気づく力」のことです。それを効果的に鍛えるためには、次の「IPO（Input/Process/Output）の習慣」を持つとよいでしょう（図表4－4）。

①ビジネス誌を1冊定期購読する（Input：インプット）
②興味を持った記事が自分にどのような意味があるのかをひと言でまとめる（Process：処理）
③それを仲間と話し合う（Output：アウトプット）

図表4－4　IPOの習慣で動体視力を鍛える

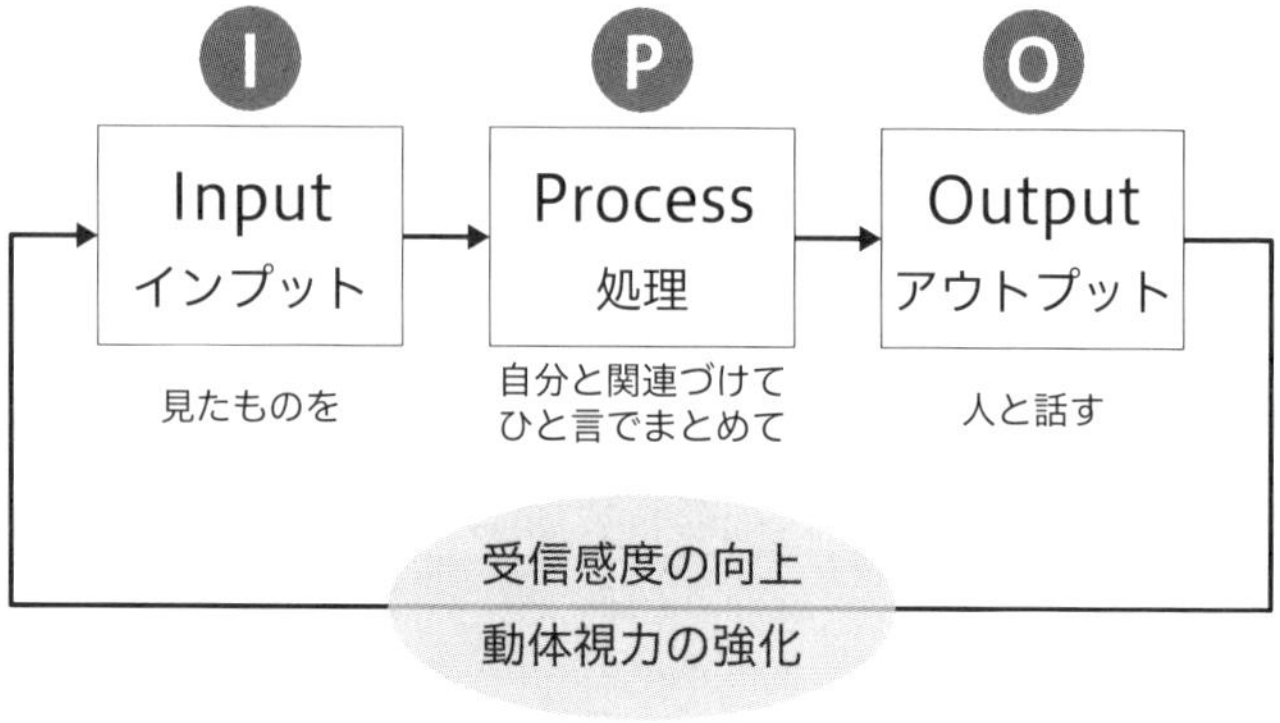

ネット検索は必要な情報を効率的に見つけることには向いていますが、自分が考えたキーワードで情報の範囲を限定してしまいます。動体視力を鍛えるには、動いているものをできるだけ広い範囲で見ることが必要です。そのために適した「I」（Input：インプット）はネット検索ではなく、関心の有無に関係なく幅広い情報が手元に届くビジネス誌の定期購読です。

3大ビジネス誌と言われる「日経ビジネス」「週刊東洋経済」「週刊ダイヤモンド」の各オンラインサイトを見て、面白そうだと思うものを何か1冊購読すればよいでしょう。様々な企業・業界の動向だけでなく、旬の話題についての特集記事にも力が入っています。

そこからは、自分の興味に従った拾い読みでかまいません。ただ、大事なことは「読む」というインプットで終わらずに、気になった記事を自分の仕事や会社、業界にとってどのような意味があるのかという視点でとらえ、そこに自分なりの見解をつくってみるのです。このようにして考えることが「P」(Process：処理)です。正解がないことに向き合っていく時代に、自分の見解を形成する力を磨くためのトレーニングにもなります。

そして、自分の見解を「ひと言」で言ってみます。ひと言で言えるということは、本質をつかんでいるということです。会議の場で、口数は少なくてもひと言でビシッと語ることができる人は本質をとらえている人です。反対に、話が長くて何が言いたいのかわからない人ほど、本質をつかんでいるとは言えません。

動体視力を鍛えるというのは、知識を増やして物知りになることではなく、得た知識によってものの見方や考え方の幅を広げることです。知識を自分の周りのことと結びつけて、それに対する見解をひと言で言えるほど煮詰めた濃度で言語化することが、「自分で考える」ということです。

見解を口にしてオートクラインを起こす

最後の「O」(Output：アウトプット)は、自分の見解について誰かと意見交換をするということです。

第1章で述べたように、アウトプットは最強のインプットです。人と話すことで自分の見解をより深く整理することができますし、自分が口に出している言葉を自分で聞くことで脳が刺激されます。おそらくあなたも、誰かと話をしているうちに「あっ、そういうことか」「わかった、わかった」と自分で気づいた経験があるのではないでしょうか。

これは、コーチングでよく使われる「オートクライン」という脳の機能で、自分が発した言葉を自分の脳が受信することを繰り返しているうちに、次第に考えが深まったり気づきが起きたりするのです。

「インプット・処理・アウトプット」のIPO習慣を繰り返していくうちに、世の中の変化や出来事に対する受信感度が格段に高まっていきます。私自身、ただ記事を読むだけで終わる場合と比較して、感覚的に数倍も受信感度が高まるような気がしています。

動体視力を鍛えるためのインプットはビジネス誌に限らず、社外の人たちとの交流や講演会や勉強会への参加などたくさんあります。アスリートたちは動体視力を強化するために継続的なトレーニングを行っています。私たちも継続的にそのような機会を持つことで、「いまを正しく見て、必要なときに必要なことに気づく」ためのビジネスアスリートとしての動体視力を強化していくとよいでしょう。

なお、誤解のないように述べておきますが、第2章で不良債権化したスキルを捨てて、情報のアンテナを新しい分野へ固定すべきだとしました。これは、馴染みのあるかつてのスキルが学習の邪魔になるほどの強いノイズとなるからです。新しい専門性構築のためには、それを防ぐために、あえて新分野にメインのアンテナを固定するのです。

一方、ここで述べてきたことは、それとは別に広い範囲をカバーするためのサブのアンテナを持つということです。過去のスキルに関する情報も多少は入ってくるかもしれませんが、それ以上に広く世の中の動向を受信するためのアンテナだと考えます。

迷いのない行動が偶然の神様を振り向かせる

労せずして偶然に幸運を手にすることを意味する「棚からぼた餅」ということわざがあります。しかし、ぼた餅を手にすることができるのは棚の下まで足を運ぶという行動を起こした人だけです。これと同じように、ここまで述べてきた偶然をマネジメントして自律的なキャリアを築くための３つの行動原則は、最終的に行動することによって生かされてきます。航空会社で長年ＣＡ（客室乗務員）の仕事をしてきた芝山さん（仮名）は、50代のときに、不動産関連企業Ｑ社の社員研修担当者として転職します。これまで、後輩ＣＡに対する教育トレーナーとしての経験はあるものの、研修講師として人前で話す経験がほとんどなかった芝山さんから、いまの仕事に就いた経緯を聞かせていただきました。

そもそもの始まりは、これまで学んできた接客について、社内だけでなくもっと広く世の中に伝えることができないだろうかという思いだそうです。その可能性を探るために、企業と求職者の出会いの場である「ジョブフェア」というイベントに参加してみたとのこと。

いくつかの企業ブースを回っているうちにＱ社の担当者が強い関心を示してくれた。お客様と接する機会が多いＱ社が、社員の接客スキルを高めるための研修ができる人材を探していたとのこと。しばらく話をしているうちに、その場で本社での面接が決まるなど、あれよあれよという間に正式採用が決まったとのことです。

50歳を過ぎてからの再就職に苦労する人が多い中、芝山さんがあっという間に望んだ仕事を手にすることができたのは、学んできたことをより広く世の中のために伝えたいという思いを、ジョブフェアに出かけるという行動に移したからです。ＣＡとしての十分な実績があったことも大きな要因ですが、そもそも、ジョブフェアに出かけることなくしてＱ社との出会いはありませんでした。

行動はできるかできないかではなく、するかしないか

偶然を味方につけるためには、考えているだけではなく具体的な行動を起こすことが大切です。自分のことを「なかなか行動できない人」だと思っている人がいるかもしれませんが、それは大きな誤解です。なぜならば、行動は、できるかできないかではなく、するかしないかだからです。行動できないと思っている人は、行動しないと自分で決めているだけです。「どうせ、ぼた餅は美味しくないに決まっている」と自分に言い訳をするのも、行動しないと自分が決めているからです。

芝山さんは、研修担当者が自分一人という状況で入社したため、教材作成、日程調整、講師としての登壇をすべて一人でこなしながら、年間で数百人の社員に対して研修を行いました。ベテランの実務経験者ならではの実践的な研修内容や、受講者一人ひとりに継続的にメールでフォローを行うなどの芝山さんの仕事ぶりに対して、社内の評価が高まっていきます。経営陣からの期待も増していき、後輩講師やアシスタントメンバーなどの人員が増加され、組織としての研修体制を整えていくことになります。

世の中では、日々、たくさんのことが起きています。私たちは、たまたま何かに出会ったときに、それは偶然だと思いますが、人より多く行動することで、自分にとって意味のある偶然に出会う確率は高まります。

キャリアは偶然の影響を受けていますが、迷いなく行動する人に偶然の神様は振り向いてくれるのです。

第5章

「好き」で「得意」なことを「価値転換」する

――常に自分を客観的に評価する視点

「好き」という自分の問題ではなく、「得意」という世の中の評価で仕事は成立する

私が異なる分野で複数のキャリアを積み重ねてきたことへの珍しさも手伝ってか、「どうすれば、そのような職業人生を送ることができるのですか？」と聞かれることがよくあります。そのとき、私は次のように答えています。

「好き」で「得意」なことを「価値転換」すること

自分の能力を使って価値提供するためには「得意」なことで勝負することが必要です。そして、そこに注ぐエネルギーを最大化できるのは、時を忘れて夢中になれるような「好き」なことに取り組んでいるときです。さらに、その結果としてのアウトプットは、世の中から必要とされる形に「価値転換」されたものでなければなりません。

第5章では、能力を持続的に役に立つ形で提供するために、「好き」「得意」「価値転換」

の3つをいかにマネジメントしていけばよいかについて述べます。「価値転換」については章の後半で述べるとして、まず、「好き」と「得意」についてです。

料理をすることが好きだが、得意ではない人がシェフを務めるレストランがあったとします。おそらく、誰も足を向けないでしょう。同じように、イラストを描くのは好きだが得意ではない人は、残念ながらアニメ制作会社で働くことはできないでしょう。このように、たとえその仕事が好きでも、得意ではない仕事には人は対価を払いません。

反対に、好きかどうかに関係なく得意な仕事であれば、それに対して人は対価を支払うでしょう。「得意」というのは、自分の能力の中で相対的に優れたものという意味ではなく、世の中から見て価値を感じる水準にある能力という意味です。

好きかどうかは自分が決めることですが、得意かどうかは世の中が決めることです。まず、押さえておくべきことは、自分が誰かに価値提供することで仕事が成立するのは、好きかどうかという自分の問題ではなく、得意かどうかという世の中の評価だということです。

では、仕事において、好きかどうかはまったく関係ないのでしょうか。もちろん、そういうわけではありません。

好きではないということは、その仕事をしていること自体に喜びを感じないということです。そのような仕事に、人生のかなりの時間を費やすのは、あまりにももったいないと思います。

好きではないが、好奇心あふれて時間を忘れて仕事に取り組むような人もいるかもしれませんが、責任感や使命感で自分に折り合いをつけている人もいるかもしれませんが、好奇心あふれて時間を忘れて仕事に取り組むようなエネルギーが不足するため、常に不完全燃焼感がつきまといます。自分の能力の可能性を限界まで突き詰めることも、好きでなければできないのではないでしょうか。それでも得意の水準が高ければ、「できる人」と思われるかもしれませんが、それ以上に、「もっとできるのにもったいない」と思われているかもしれません。何かの拍子に心の支えがなくなると、続けていこうとする気持ちが萎えてしまいます。

「好き」がない「得意」だけでは、継続的な価値を提供していくための努力が苦痛となり、それは決して望ましい状態とは言えません。

あるべき姿は「好き」と「得意」の両方がそろって、仕事そのものに喜びを感じながら高い熱意で取り組んでいる状態です。

このように、「好き」と「得意」は両方がそろっていることが理想ですが、現実はそううまくはいかないという声も聞きます。そのような声への回答として、好きと得意のどちらを優先させるべきかという優先順位論もよく目にします。次に、私たち組織で働く人たちの現実を踏まえながら、この点をさらに考えてみます。

ちまたにあふれる「好き」と「得意」の優先順位論に振り回されない

二者択一ではなく最終的に両方をそろえる

好きと得意のどちらを優先させるべきかについては、両極端の考え方があります。

1つは、たった一度の人生だから好きな仕事を選ぶべしという、成功している起業家などに多い主張です。本当に好きなことであれば、突き抜けた熱意で困難を打ち砕くことができるはずだという論法です。

もう1つは、世の中が求めているのは誰かの役に立つことであるから、本人が好きかどうかに関係なく得意なことで勝負すべしという、これまた成功している現実路線の組織人に多い主張です。どちらも、もっともらしく聞こえます。

ただ、フリーランスや個人事業主、あるいは起業家など、仕事を自分で選択できる人にはこのような議論は意味がありますが、メンバーシップ型雇用の日本企業では、会社の都合で社員の担当業務と要求されるスキルが決められてしまうのが現実です。ジョブ型雇用が増えつつあるといっても、現時点での実態に目を向ければ、転職の選択をするとき以外には、好きか得意かに対する個人としての選択権はほとんどないように思います。

であれば、組織人にとっての好きか得意かの優先論はあまり意味がなく、それよりも、「いまの仕事をどうすれば好きと得意の両方がそろった状態にできるのか」という視点で考える方がよほど現実的です。

「では、どのようにして?」という質問に対する回答は、第4章で述べた偶然をマネジメントして自律的なキャリアを築くための第1の行動原則、「起きた偶然に全力で取り組み必然を起こす」です。

たとえ経験のない仕事であったとしても、全力で取り組んでいるうちに、徐々にできるようになってきます。成果を出せるようにもなっていきます。経験を重ねることで専門要素が蓄積されていき、気がついたらその分野の専門家の一人になっていることもあります。そのようにして、やっている仕事を「得意な仕事」にしていくというのが大原則です。

仕事の成果が評価されて周りからも頼りにされてくると、自分で自分を認める自己肯定感が高まってきます。自己肯定感を高めてくれるような仕事は自分にとって好ましいものであるため、仕事が好きになっていきます。人は、仕事がうまくいくと、その仕事が自分に向いていると感じて好きになり、事後的に「好き」と「得意」の両方がそろっていくのです。

私が大学での専門とは違う（つまり、その時点では得意ではなかった）強度計算の分野で深海調査船の開発に携わることになったときも、勉強しながらやっていくうちにまともなアウトプットが出せるようになり、先輩方からも「やるじゃない」と認めてもらえるようにもなっていきました。特殊な分野であったことも功を奏して、深海調査船の強度計算の専門家というポジションを手に入れつつ深海という未知の世界にも興味がわいてきて、気がつけばたまたま与えられた仕事が好きで得意なことになっていたのです。

ジョブ型雇用である外資系企業の場合では、たとえ新人であっても、その時点で一定水準以上の専門性を持っている人しか採用されませんから、得意から入ることになります。その時に、あわせて好きもそろっていれば問題はないのですが、そうでなくても、得意分野で成果を出し続けていくことで好きになっていく可能性は高いです。

「成果を出して好きになること」がキャリアの可能性を広げる

提示された仕事に全力で取り組むというのは、偶然をうまくマネジメントするというだけでなく、２つの点から専門性のスクラップ＆ビルドに必要な力をつけることに役立ちます。

１つ目は、よほど単純な仕事ではない限り、仕事と学習のサイクルによって何らかの専門要素が身についていくことです。職業人生を通して継続的に専門性の新陳代謝を行うことを考えた場合、専門要素のバリエーションを増やしておくことは、将来の選択肢を広げることにつながります。

２つ目は、思わぬ自分の能力を発見する可能性があるということです。そもそも、仕事はやってみなければ好きか嫌いか、得意か苦手かはわかりません。押しが弱くて営業には向いていないと思っていた人が、徹底的に顧客本位の寄り添う営業スタイルでトップセールスになった例もあります。あるいは、好きではなかった接客業が、お客様からもらった感謝の手紙をきっかけに、誇りと喜びを胸に抱くことができるものへと変わった人もいます。

そもそも、世の中にある無数の仕事の中で、一人の人間が経験できることは一生かかっても極めて限られたものです。まだ経験したことのない世界の中にも、やりがいを感じたり、好きになったり、得意であったりする仕事が無尽蔵にあると考える方が自然です。

たまたま出会った仕事に対して、「好き」「得意」などの判断を安易にせずに、とにかく一度は全力でやってみて成果を出すことで好きになるという考え方が、入り口で制限をかけずにキャリアの可能性を広げることにつながります。

仕事と適性がミスマッチのときは別の道を探す

与えられた仕事に全力で取り組むことで「得意」と「好き」の両方をそろえる、というのが仕事に向き合うときの原則ですが、どんなに努力してもうまくいかない場合があります。そのようなときにはどうすればよいのでしょうか。

安易にその状態を放置しておくと、うまくいっているときと逆のスパイラルに陥ります。この仕事は自分には向いていないと思い、自信を失い、できない自分が情けなくなります。自己肯定感が低下し、その原因となっている仕事自体が好きではなくなっていきます。仕事への熱意が失われてますます結果が出ずに、専門要素も効率的には蓄積されていきません。

もし、この危険性を感じたら、そのまま続けるのか、あるいは別の仕事に向かうのかを判断する必要があります。

まず、それでも続けたいと思った場合です。

そのときは、「同じことを、同じ方法でやっても、同じ結果しか出ない」ということを肝に銘じた上で続ける必要があります。すなわち、①うまくいかない理由は何か、②その点を改善するためにはどうすればよいのか――この２つのことを明らかにした打開策が必要なのです。

打開策を考えるときには周りの人の協力を得るとよいでしょう。できないことが恥ではなく、できないままでいることが恥だと思って相談するのです。人には、第4章の「ＩＰＯトレーニング」で述べたオートクラインという脳の仕組みがあります。たとえ、的確なアドバイスをもらえなくても、人と話すことによって自分で気づくことがあるのです。

打開策を実行していった結果、小さな進歩があり、そのうちできるようになる気がしてきたのであれば、そのまま続けてみる価値はあります。単にやり方が悪かっただけで、そこを改善すれば、あるいはちょっとしたコツをつかめばできるようになることもあるからです。

逃げるのではなく、もっと価値提供ができる場を探すのだと考える

問題は、人と相談してもうまくいかない理由がわからず、時間をかけてもできる気がしない場合です。あるいは、問題はわかっているのだが改善のための取り組みを苦痛に感じる場合、つまり、意欲的な挑戦ではなく我慢しなければならないという感覚のときです。

これらの場合には、そもそも仕事と自分の適性との間にミスマッチが起きている可能性があるため、すっぱりと別の道へと方向転換した方がいいように思います。会社や上司が必ずしも本人の適性に配慮して仕事を与えているとは限りませんし、自分が仕事を通じて価値提供できていないという事実はどうしようもありません。仕事はあくまでも価値提供してナンボです。

ｉＰＳ細胞の研究でノーベル生理学・医学賞を受賞した、京都大学ｉＰＳ細胞研究所所長の山中伸弥教授も、そのような経験をした一人です。

かつて、整形外科医を目指していた研修医時代に、自分が不器用で手術の技術が人より劣ることに気づいたそうです。指導医から「ジャマナカ」と呼ばれ続けるほどの無能扱いを受けたこともあり、わずか2年で臨床医になることを諦め、研究の道へと進路を変えました。その潔い決断こそが、のちの大きな業績へとつながったのです（『賢く生きるより　辛抱強

いバカになれ』稲盛和夫・山中伸弥著、朝日新聞出版、２０１７より）。

日本には「石の上にも3年」など、我慢して続けることを美徳とする文化があります。冷たい石でも長い間（3年という期間に意味はない）座り続ければ温まってくるということなのですが、この言葉を引き合いに出す人たちは、時間がゆっくりと流れていて、座り続ければ石が温まるという正解が保証されていた時代の成功体験をもとにしています。

もし、座り心地も悪くどうも温まりそうもないと感じたときには、他の石を試してみながら自分の座るべき場所を探すことができるのがいまの時代です。信頼できる上司や先輩、同僚や友人に話を聞いてもらいながら考えを整理し、異動申告制度や社内公募制度などがあれば利用してみるとよいのではないでしょうか。もちろん、転職という選択肢もあっていいと思います。いまの仕事から逃げるなどと後ろ向きに思わずに、もっと自分の能力を発揮して価値提供できる場を探すのだと前向きに考えればよいのです。

「好き」という感情は「得意」という能力と比べて不安定

「好き」と「得意」について1つ付け加えておきます。好きという「感情」は、得意という「能力」と比べて極めて不安定なものだということです。

たとえば、好きでやっていた仕事で誰かの心を大きく傷つけてしまったとき、たとえ悪意がなかったとしても、その仕事が好きではなくなってしまうことがあります。あるいは、自分がやっている仕事に関連して、会社が社会的に糾弾されるような事故や事件を起こしてしまったとき、たとえ自分に非はなくても、その仕事自体がいやになってしまうこともあります。

反対に、「嫌々やっていた仕事が、○○をきっかけとして好きになった」という感情の変化が起きることもあります。

せっかく希望したテーマパークの企業に入社したのに、駐車場係に配属されて意気消沈していたところ、「自分は世界中から来るお客様を、パークの代表として誰よりも先に出迎えるスタッフである」ということに気づいて、責任感と誇りとともにその仕事が好きになったという方の話を聞いたことがあります。やっている仕事は変わらないのに、考え方1つで好きになったり嫌いになったりするのです。

そういう意味でも、ある瞬間の「好き」という感情に過剰にこだわるのは、かえって可能性を狭めてしまうことになります。

その仕事をするきっかけはどうであれ、懸命に取り組むことで「好き」と「得意」がそろう状態をつくることができれば、その経験はこの先の職業人生において、新しい分野に挑戦する心理的なハードルを下げることになります。時代遅れになってきた仕事にしがみついたり、ＩＴ技術の進化についていくことに抵抗する人にならずに済むのです。

仕事を選ばないことが、あとで仕事を選べるようになる

私が勤めてきた造船会社と証券会社という日本企業での担当業務は、すべて会社が決めた

ものです。そこに私の選択権はありませんでした。ただし、ここまで述べてきたように、与えられた目の前の仕事に全力で取り組み、それを「好きで得意」にしながら仕事の能力を高めていくことができました。そうすると、徐々に難易度の高い仕事に挑戦させてもらえるようになり、管理職という役割もいただきました。

その結果何が起きたかというと、かえって仕事の選択肢が増えたのです。

証券会社に十数年間勤めた時点で、そのまま続けて働くという選択肢もありました。しかし私は、自ら望んで米国企業での資産運用コンサルティングという仕事をピンポイントで選択しました。この選択が実現したのは、相手企業が自分を受け入れてくれたからです。

組織人としてのキャリアが浅いときから好きな仕事や得意な仕事という発想に縛られずに、目の前の仕事に全力で取り組んでいくことで「好きで得意」な状態に持っていくことを考え、その過程で能力と人材価値を高めることができたからだと思います。

本書を手に取ってくださった方々の多くは、このようなことを言われなくても会社が決めた役割に懸命に取り組んで来た結果、人材価値を評価されて管理職に登用されたのではないかと思います。

専門性を基準に人材価値が再評価されようとしているいま、足りない専門性を外部から採

図表５－１　仕事を選ばないことが、仕事の選択肢を増やす

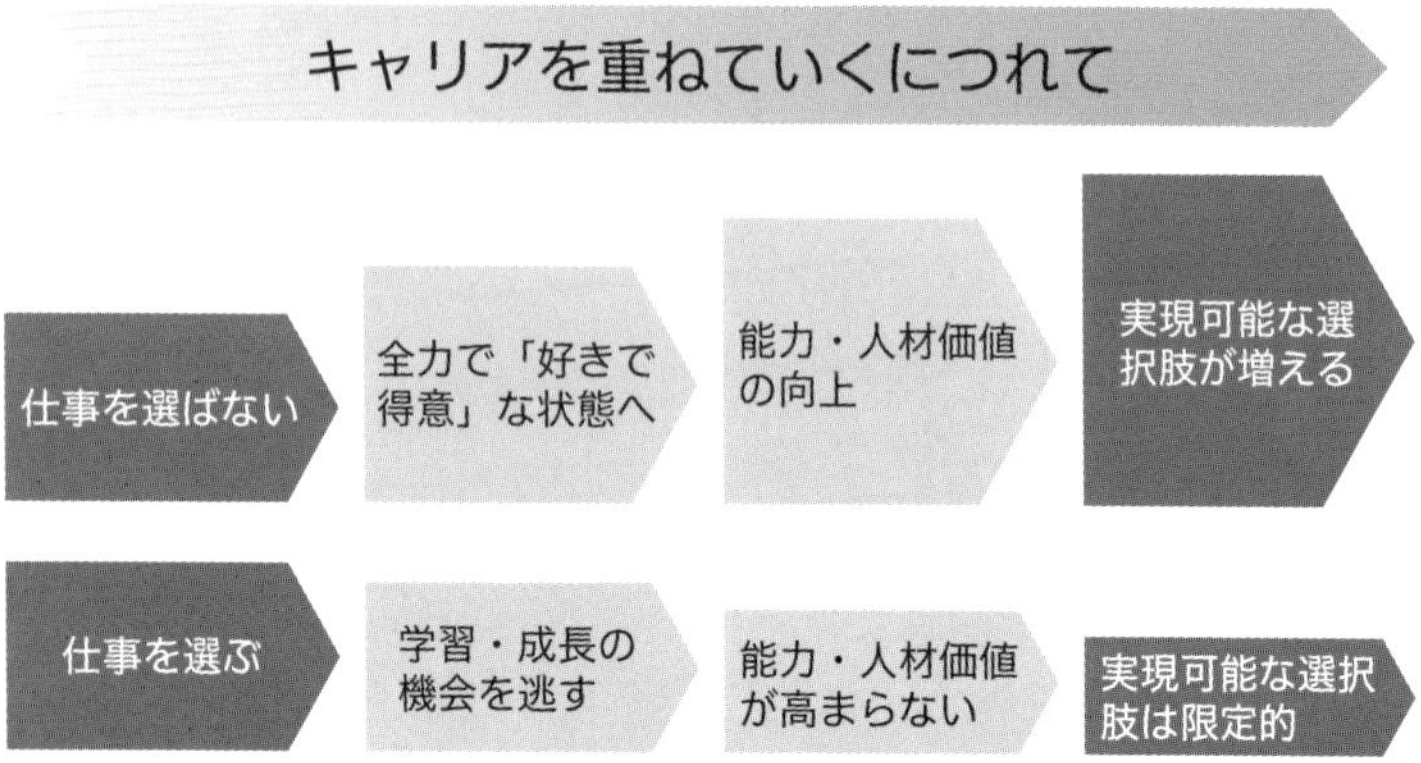

用しようとしているいま、あなたが会社にとって本当に必要な人材となっていれば、会社との力関係は拮抗しているはずです。もし、余人をもって代えがたいほどの存在感を示しているのであれば、絶対に辞められては困る人材として力関係は逆転しているかもしれません。これは、自分の意思で次の選択をすることができる可能性が高まっているということです。第3章で述べたように、個人事業のCEOとして会社と業務委託契約を継続するかしないかの決定権を、あなた自身が手にしているのですから。

　そのような状態において、第4章で述べたように動体視力を鍛えながら目の前に現れる偶然に関心を払い続けていると、時々、「この仕事面白そう」と感じるものがアンテナに引っかかります。情報を集めていくうちに挑戦してみたいという思いが高まったのであれば、そのときこそが、「何でもやります」という受け身の状態から脱け出して、自分がやりたい仕事をはっきりと意思表示すべき時です。

同じ企業で働き続けるのか、私のように転職という手段をとるのかに関係なく、あなたが本当に必要とされる人材であれば、実現する可能性は高まります。このように、最初は仕事を選ばずに力を蓄積していくことで、のちに仕事を選べるようになるのです（図表5－1）。

もし、自分はまだそのような段階に達していないと思うのであれば、いざというときの実現可能な選択肢を増やすために、いまの仕事で高い専門要素や高い専門性を身につけ続けることです。

専門バカから価値転換力のある自律型スペシャリストになる

好きで得意な仕事をするという状態をつくることは、より良いアウトプットを出すために大切なことですが、実はそれだけでは不十分です。自分が提供する商品やサービスの価値を認めてくれ、それに対して対価を払ってくれる人の存在があって初めて仕事としての意味をなすからです。つまり、能力をできるだけ大きな価値に転換する「価値転換力」が最後の勝負を決めます。

本章の後半は、「好きで得意なことを価値転換する」の「価値転換」についてです。

ビジネスとしての正解がわかっている時代には、そこへ向かって組み立てられた組織という枠組みによって、会社全体として正解にたどり着けるようになっていました。社員は会社が描いたジグソーパズルの空間を、きっちりと埋めるピースであればよかったのです。

しかし、不透明な環境下で正解のない問題に取り組む機会が増えてくる中、会社の価値提供の枠組み自体が流動的になっていきます。ジグソーパズル全体の形や描かれている絵が変化していくため、それに応じて、社員も自分のピースの形を変えていかなければならないのです。

このような時代の変化を背景として、最近の経営者や人事関係者の口から頻繁に出てくるようになったのが「自律型社員」という言葉です。言われたことだけをやるのではなく、自分で考えて自分で行動する社員という意味です。

図表5－2　専門バカから自律型スペシャリストへ

	専門バカ	自律型スペシャリスト
個人ブランド	個人名で勝負できる組織人	個人名で勝負できる組織人
専門性	一芸に秀でる	柔軟に再構築
提供価値	組織の仕組みに依存	自らデザイン
人材意識	職　人	個人企業のCEO

本書では繰り返しスペシャリストの時代であることを述べてきましたが、新しい時代のスペシャリストにも自律性が求められます。

これまでは、他のことはからきしダメでも一芸に秀でた専門家として「いい仕事」をしてきた「専門バカ」と呼ばれる人たちは、ジグソーパズルのピースとしてそれなりに尊敬され厚遇されてもきました。そのスキルが卓越していれば、個人名で勝負できる組織人であったかもしれません。しかし、第1章で述べたように、テクノロジーの急速な進化と商品サイクルの短期化により、世の中から求められる専門性の賞味期限は短期化しています。その中で、試行錯誤を繰り返しながら最適解を探していく時代においては、一芸に秀でた専門バカ人材であっても、自分のピースの形を変えていく必要があります。

さらに、自分の能力の発揮の仕方を組織の枠組みに完全に依存するのではなく、自分の専門性をどう活用すれば最大限の価値に転換できるのかを自ら考えて実行できる、価値転換力を持ったスペシャリストであることが必要なのです。

一芸に秀でた専門バカというスペシャリストから、専門性を柔軟に変えながら自ら価値をデザインする自律型スペシャリストへの進化です（図表5－2）。

「あなたの顧客は誰ですか？」と問われて即答できるか？

価値デザイン意識を持った自律型スペシャリストとしての最低ラインは、自分の顧客が誰であるかを明確に自覚していることです。米国企業の日本法人に勤めていたときの幹部合宿で、米国人ＣＥＯが私たちに次の問いを投げかけたことを思い出します。

“Who is your client?”――「あなたの顧客は誰ですか?」

営業やコンサルティングなどのフロント部門の人たちが即座に顧客の名前をあげたのに対して、一瞬、戸惑いを見せたのが、人事、経理、総務、法務などの事務部門の人たちです。しかし、ほどなく「社員です」との回答がありました。CEOがこの質問を発したのは、「すべての社員に顧客が存在する。私たちは、本当にその顧客に選ばれるような仕事をしているのだろうか?」という点を、あらためて幹部全員で共有するためでした。

もし、私のチームのコンサルタントが顧客企業の期待に応えることができなかった場合、担当者の交代を要求されるか契約を解除されてしまいます。そのようなことが起きないように、私は年1回、すべての顧客を訪問して、担当者とサービスに対するフィードバックをいただいていました。あえて私一人で訪問し、担当者には直接言いづらいことも率直に伝えていただくようお願いもしていました。

同じように、事務部門であっても、提供しているサービスの顧客としての社員の満足度を高める責任があります。経理処理や資料のコンプライアンスチェックなどでも、正確性と迅速性はもちろん、社員の負担を最小限にするための努力と工夫が必要です。実際に、彼らは定期的に各部門からフィードバックをもらいながら、必要な業務改善を行っていました(図

図表5－3　Who is your client?――「あなたの顧客は誰ですか？」

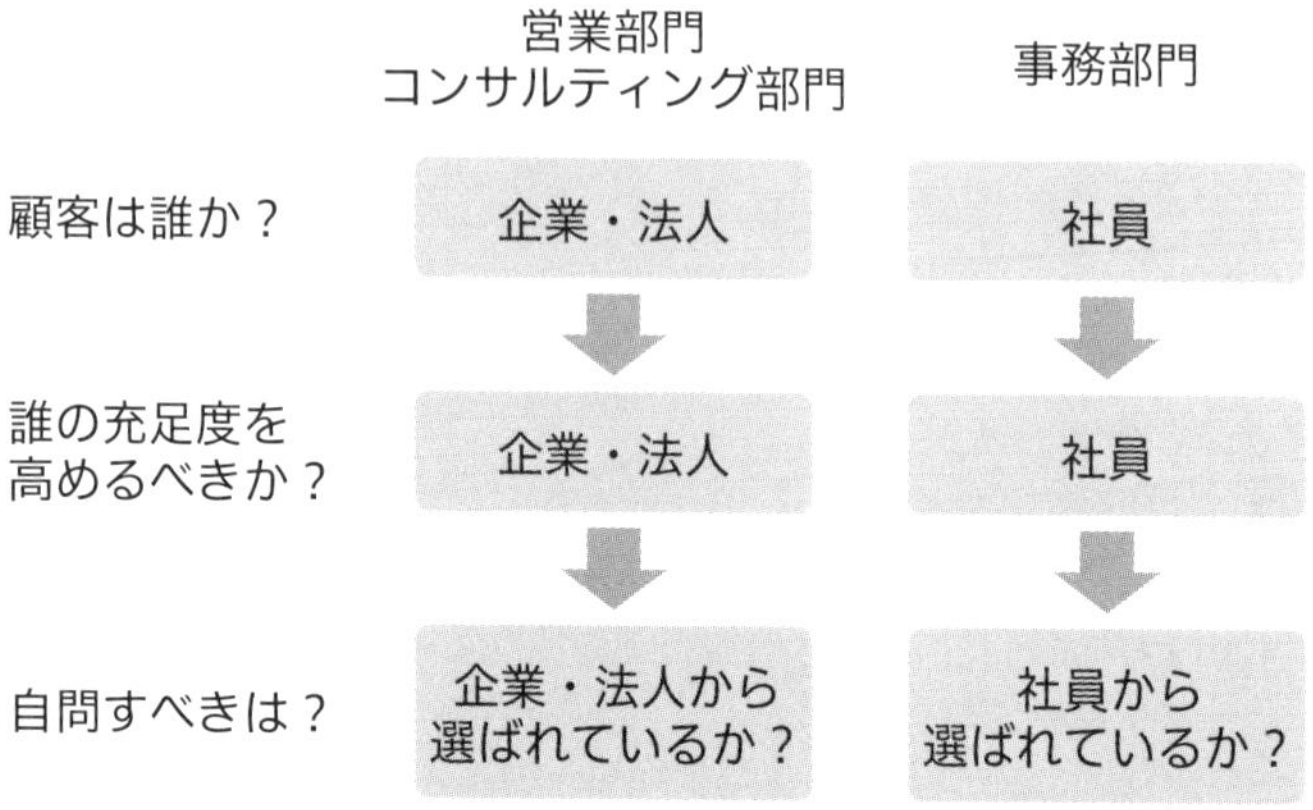

表5－3）。

外資系企業の経営者は、より安価でより高い質でサービスを提供できる外部業者があれば、部門ごとアウトソーシング（外部委託）する可能性を検討します。事務部門であっても常に外部業者との競合を意識せざるを得ないことが、顧客満足度を高めようとする強い動機となっています。これは、日本企業ではあまり見られない緊張感です。

「顧客満足度」という言葉は、一般的には社外の最終顧客を念頭に置いているため、直接顧客と接している社員以外にはピンときません。しかし、本来、すべての社員に顧客は存在します。企業としての存在価値が顧客ありきで成り立っているのであれば、個人としての存在価値も自分が直接サービスを提供している顧客ありきで成り立っています。自分が本当に価値提供できているかどうかを常に意識して主体的に工夫を続けることが、好きで得意なことを「価値転換する」ための第一歩です。

思考停止を引き起こす品質至上主義と決別する

商品やサービスに対して人が対価を払う理由は主に2つです。すなわち、悩みを解決するためか、あるいは、願望を手に入れるためかです。

前者の例は、病気を治すために医者にかかる、体重を減らすためにダイエットコースに申し込む、聞き取れない英語を何とかするために英会話教室に通うなどです。

後者の例としては、家族と暮らす幸せを実感するためにマンションを購入する、ビジネスパーソンとしての価値を高めるためにビジネススクールに通う、感動や一体感を手に入れるためにライブコンサートに足を運ぶなどです。

悩みの解決と願望の達成は、一見別のもののように思われますが、「病気を治したい」「ダイエットしたい」（悩みの解決）も、「家族と幸せに暮らしたい」「ビジネスパーソンとしての価値を高めたい」（願望の達成）も、どちらも「〇〇したい」という欲求を充足させるものであるという点では本質的に同じです。

つまり、どちらのケースでも顧客の欲求をより高く充足させる商品やサービスには高い価値があり、その逆のものには低い価値しかないと判断されるのです。しかし、この基本的な原則を忘れて事業を行っている企業は少なくありません。

「技術力で勝負する」と言い始めたらオワル

時代の変化に追いつけずに企業体力を失いつつある企業の経営者が、「技術力で勝負する」と力説されることがあります。もちろん、技術力は顧客の充足度を高める差別化要因の一つであることは間違いありません。しかし、そこばかりを強調して、時代に即したビジネスモデルの転換や事業ポートフォリオのダイナミックな組み替えに、まったく手をつけようとしないのでは難局を乗り切ることは困難です。

そのような企業に長く勤めていると、技術的に高度であることや最高の品質を提供することがすべてに優先する善であるという品質至上主義に染まってしまいます。その結果、顧客の「〇〇したい」という欲求よりも自分たちの「〇〇したい」という欲求を優先させて、的確に価値デザインされていないものを世に出してしまいます。

家電製品につけられたたくさんの便利機能のほとんどを使うことなく、製品寿命が来てしまったという経験はあなたにもあるのではないでしょうか。これもあれもと開発者側の視点でつけられた便利機能のほとんどは消費者にとってはどうでもいいもので、それらが価格に転化されるぐらいなら10円でも20円でも安くしてほしいというのが消費者の思いです。

便利さを追求しすぎて便利ではなくなった製品は、顧客充足のための「商品」ではなく、技術力が無駄遣いされた自己満足の「作品」でしかありません。

最近は、経営者もこのような品質至上主義の弊害にようやく気づいてきたようです。日立製作所の東原敏昭社長兼ＣＥＯも、『日経ビジネス（２０２０年８月３日号）』のインタビューでこのように語っています。「（これまで）工場文化が強く、どうしても頑丈さとかを追求していました（笑）。『こんなにいい製品を作ったのになぜ買わないのか』というアプローチでした」。過去を率直に反省しながら、時代に合わない企業文化を変えようとしているようです。

提供すべきは技術ではなく顧客が喜ぶもの

成功しているビジネスの多くは、品質至上主義の発想ではなく顧客の充足度に徹底的に着目したものです。良い例が、かつて世界最大の携帯電話端末メーカーと言われたフィンランドのノキア社（ＮＯＫＩＡ）のアジア戦略です。

市場占有率と販売台数の両方で、１９９８年から２０１１年まで、10年以上にわたって世界1位の座に君臨してきたノキア社は、年間1億台の販売が期待できる巨大市場インドに進出し、そこでもあっという間に圧倒的なシェアを獲得します。

そのときに同社がとった戦略は、ライバル企業の韓国サムスン電子やＬＧエレクトロニクスがあっと驚くものでした。何と、携帯電話に懐中電灯の機能をつけたのです。というのも、電力事情が悪いインド（特に農村部）の人たちの悩みは頻繁に発生する停電であり、常に手元に懐中電灯を置いておかなければなりません。携帯としての機能を充実させるのではなく、インド国民の日常的な悩みを解決した同社の戦略が成果を上げたのです。

「新興国で成功するためには、その国の顧客の悩みを十分理解するマインドセットが不可欠ですね。（中略）携帯電話の分野では、5ドル程度で基本機能のみのシンプルな端末をいち早く提供したノキア（本社はフィンランド）がインド全体の60％のシェアを持ちます。先進国向けの派手な機能は一切省き、その代わりに懐中電灯機能をつけました。なぜ、懐中電灯かって？　それは停電が日常的なインドでは必須だからです」（『トップ１％の人だけが実践している思考の法則』永田豊志著、かんき出版、２０１２より）

自律型スペシャリストは、自分が面白いと思ったものを顧客が必ずしも面白いとは思わないことを知っています。それをわかった上で、顧客が本当に喜ぶような価値をデザインしようとします。このような人が、世間的には「ビジネスマインドがある人」と評されています。

相手の土俵で自分の相撲を取ることが専門性の価値転換を起こす

専門性を価値転換するためには「相手の土俵で自分の相撲を取る」という仕事の姿勢が大切です。

自分が良いと思うものが売れると思い込んでいる人たちは、自分の土俵で自分の相撲を取っている人たちです。無駄な機能が満載された自己満足の「作品」を世に出そうとする独り相撲は、顧客から見放されていきます。私たちが提供するものは「作品」ではなく「商品」でなければなりません。そのためには、専門性を「最高に発揮する」のではなく、専門性を顧客充足の視点で「的確に発揮する」ことです。

そのような考え方で、過去の成功体験で根付いていた品質至上主義から脱却して、ビジネスを一段と大きく展開している商品が日本にもあります。

ウインナーソーセージでシェア２割と圧倒的な存在感を示す、日本ハムの「シャウエッセン」です。１９８５年の発売以来、パリッとした食感と伝統の味で、同社の主力商品の１つとして大きな成功を収めてきました。

しかし、その成功体験が「プレーン（素のまま）の商品しか売らない」「味わってもらうために切って商品化することはしない」「消費者にはレンジでなくボイル調理のみを勧める」など、「シャウエッセンクオリティ」と呼ばれる品質至上の意識を生み出し、変えてはならない商品として聖域化されていました。

しかし、利益率が２・３〜５・９％の食肉事業本部に対して、シャウエッセンを取り扱う加工事業本部の利益率は１％を切る年もあるなど低迷しており、社内で問題視されていました。

商品特性を生かしながら聖域崩しを断行する

そこで、同社は2018年に戦略を転換、かねてからスーパーなどの取引先から要望のあった、小切りにしたシャウエッセンをピザの上にのせた「シャウエッセンピザ」の販売を決断します。すぐに好成績が出たことに勢いづき、「シャウエッセン焙煎ホットチリ」「シャウエッセンチェダー&カマンベール」などの派生商品を売り出します。

商品によっては、ボイル調理へのこだわりを捨て、レンジを使う場合の調理法をパッケージに記載するなどの掟破りも。「消費者が求めているのならレンジに対応すればいい」と、ボイルと同じように調理できる温度や時間を、実験を重ねることによって見極めたのです。過去の成功体験で元祖シャウエッセンしか認めようとしない守旧派勢力と、退職後も口を挟んでくるOB勢の反発を受けながらも聖域崩しを断行しました。

結果は大成功。その後、派生商品も11種類となり、2020年3月期の加工事業本部の利益率は初めて3%を超えることになります（以上、『日経ビジネス』2020年8月17日号の記事を参考）。

このように、本来の高い商品特性を生かしながら、顧客にとって価値のある領域を広げていくことが、まさに「相手の土俵で自分の相撲を取る」ということです。

自分は本当に顧客の土俵で相撲を取ろうとしているのか？　そのために顧客をどこまで理解しているのか？――このことを常に自分に問いかけていくことで、専門性は正しく価値転換されていきます。

顧客のニーズを「想像」して新技術で価値を「創造」する

市場調査によって「○○があると便利」「○○に困っている」という顕在化しているニーズに応えようとするのは、もちろん相手の土俵で相撲を取っている状態です。直接的な解決策を提供することで顧客の充足を図ることができます。しかし、それはあくまでも顧客の想定範囲内のものです。

技術革新は顧客が想像もしていないような、すなわち顕在化していないニーズに突き刺さる商品やサービスを提供できる可能性を広げてくれます。相手の土俵に立って、まだ見えていないニーズを「想像」しながら、解決策を「創造」することで、より大きなインパクトのある価値提供が可能になるのです。
世界に先駆けて自動車の大衆化を実現したヘンリー・フォード氏の、「もし顧客に彼らの望むものを聞いていたら、『もっと速く走る馬が欲しい』と答えていただろう」という言葉を、いま私たちはあらためてかみしめる必要があります。

証券会社で金融工学を応用した資産運用技術の開発（クオンツ分析）を行っていたときのことです。当時の証券ビジネスの柱の1つは、生命保険会社や信託銀行、投資顧問会社などの機関投資家と呼ばれる大規模投資家からの株式売買注文を、証券取引所につなぐことで手数料を得るブローカー業務と呼ばれるものでした。

営業担当者が、社内の調査部門が作成した相場情報や企業分析レポートなどを顧客のファンドマネジャーに提供し、その見返りにできるだけたくさんの売買注文をもらうというのが当時の伝統的な営業スタイルでした。

私のチームもクオンツ分析ならではの独自の情報開発に取り組み、「業界初の本格的な計量分析レポート」を完成させ、営業担当者経由で情報提供を始めました。反響は大変なもので、部員総出で顧客説明に奔走することになります。新聞にも取り上げられ、競合他社からも問い合わせが来るほどでした。その後、英訳して海外の投資家にも提供するグローバルビジネスへと展開していきます。

図表５－４　相手の土俵で自分の相撲を取る

誰の土俵？	誰の相撲？	結果は？
自分	自分	品質至上の独り相撲
相手	相手	期待の範囲内
相手	自分	プラスのサプライズ

顕在化していないニーズにサプライズを起こす

この計量分析レポートは、顧客からそのようなレポートが欲しいと言われて開発したわけではありません。彼らもクオンツ分析や金融工学が何であるかをまだよくわからない時代で、計量分析情報に対するニーズなどまったく顕在化していませんでした。金融工学という技術を知っている私たちが、どのような情報なら顧客は喜んでくれるだろうかということを「想像」しながら新しいものを「創造」したのです。

ただ、裏側を語れば、そこで使った統計解析の技術はせいぜい高校数学レベルのものでした。取引所に上場している全銘柄の詳細な株価と財務データ（いまで言うビッグデータ）をコンピュータで分析し、まだ誰も見たことのない情報として提供したことが顧客にサプライズを起こしたのです。技術的には初歩的なものであっても、顕在化していないニーズに応えるサプライズは大きな価値を生むのです（図表５－４）。

技術革新の時代には、やっていること自体は単純なことであっても、技術に詳しい側が顧客のニーズを「想像」して新技術で価値を「創造」することで、サプライズを伴う充足感を提供することができます。

２０２０年３月に本格的なサービスが開始した第５世代移動通信システム（５Ｇ）も、その技術を提供する側の想像力によって、顕在化しているニーズを超えたサプライズを世に送り出しながら、大規模なデジタル革命を起こそうとしています。

第6章

横方向へのリーダーシップ

――スペシャリストはスペシャリストについていく

専門性の多様化、細分化で求められる横方向へのリーダーシップ

管理職としてより大きな成果を出すためには、自分が考えていることを周りの力を借りながら実現していくことが必要です。そこで必要になるのがリーダーシップです。リーダーシップを発揮できる人は、自分の仕事を人の協力を得ながら効果的に進めることができるため、上質の成果を迅速に出しやすくなります。反対に、リーダーシップを発揮できない人は、人の賛同と協力を得られないため、成果の質、スピードともに見劣りします。

リーダーシップに関しては世の中に種々雑多な情報が氾濫しており、人によって定義が様々です。日系、外資系の両方の企業で長年働いてきた実務者として、最も私の実感にフィットするのは次のような定義です。

「リーダーシップ」とは、①自分が実現したいことを打ち出し、②自ら行動することで、③人が喜んで協力しようとする影響力（図表6－1）。

図表6－1　リーダーシップとは人が喜んで協力してくれる影響力

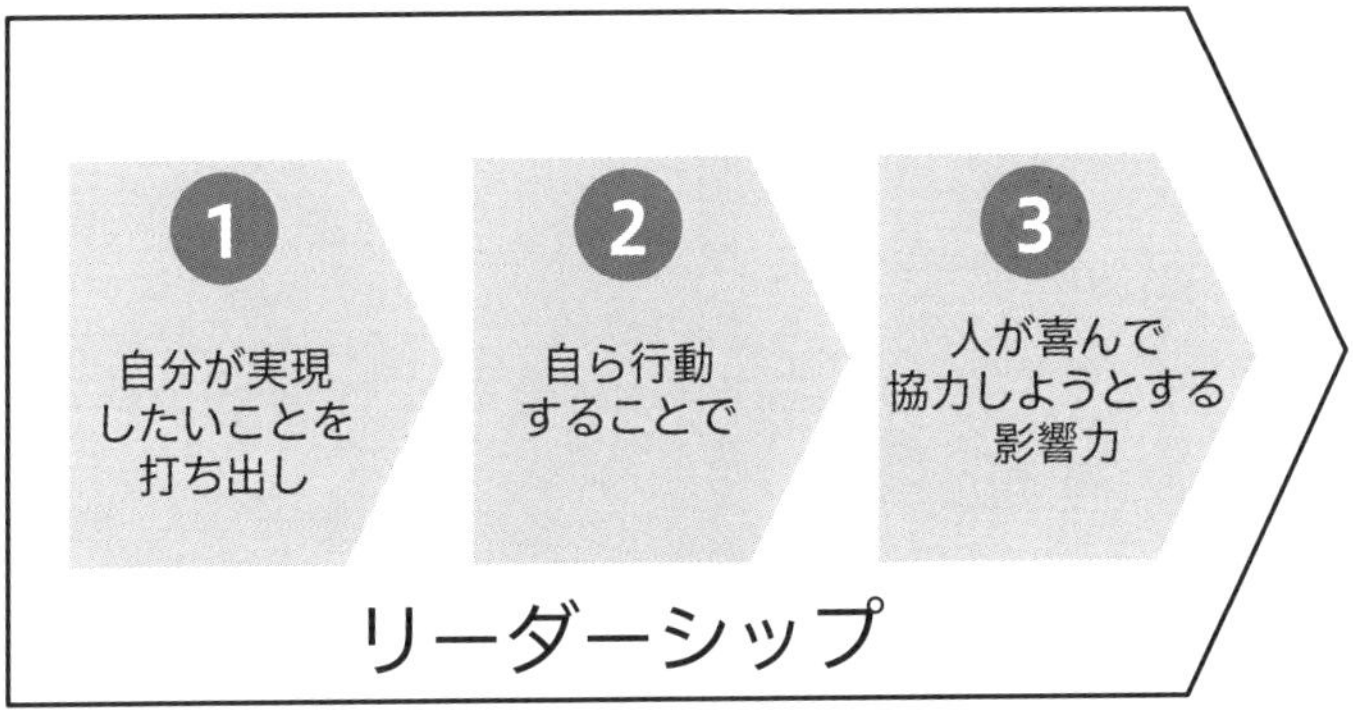

（例1）課長のリーダーシップ

①課長として新商品の開発アイデアをメンバーに提示し、

②自ら何人かの顧客にヒアリングを行った結果を示すことで、

③メンバーが他の顧客へのヒアリングを「ぜひ、やりましょう！」とついてくる。

（例2）若手社員のリーダーシップ

①課内のファイルの共有化を上司の課長に提案し、

②自ら作成した計画書を説明することで、

③課長が「いいね、やろうよ」と協力メンバーを指名してくれる。

（例3）ベテラン社員のリーダーシップ

①自分のスキルを後輩たちに継承したいと宣言し、

②定期的な勉強会のアイデアを提案し、
③「嬉しいです。ぜひお願いします」とメンバーが賛同する。

このように、リーダーシップは組織の上から下に向かって発揮される（例1）だけでなく、下から上に向かって発揮されることも（例2）、さらに、横に対して発揮されることもあります（例3）。しかし、共通しているのは、権限ではなく共感によって人が動いているということです。

フラットな関係で専門性を相互補完する力

技術やビジネスが流動的に変わっていき、専門性がより多様化、細分化されていく時代では、上司と部下といった縦方向の協力関係だけでなく、同僚はもとより、他部門や社外まで含めて、それぞれの専門性で貢献し合う、あるいは補完し合う協力関係が不可欠です。そのときに必要になるのが横方向へのリーダーシップです（図表6－2）。

管理職として横方向へのリーダーシップを発揮できれば、他部門を巻き込むことで多様な専門性を集めることができ、正解のない問題への最適解を出したり、新しい問題を発見して

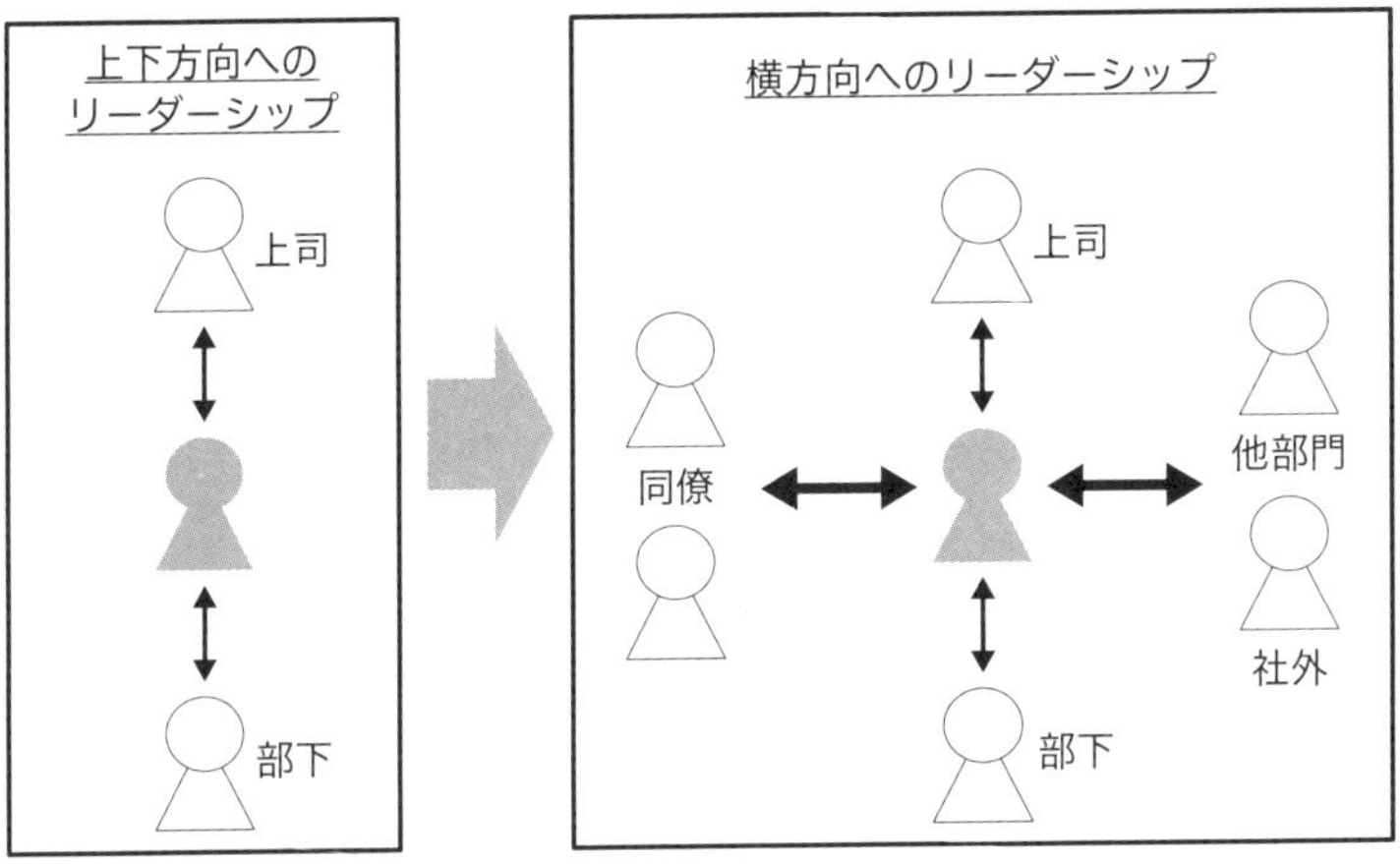

図表6－2　上下方向だけでなく横方向へのリーダーシップへ

より大きな価値をデザインできる可能性を高めることができます。

　反対に、肩書きや権限に頼って部下を動かしてきた管理職や、他部門との連携を常に上司に頼ってきた管理職、すなわち上下の関係でしか仕事をできない管理職は横方向へのリーダーシップを発揮することができず、思うように成果を出すことができません。

　第6章では、リーダーシップの本質である「影響力」について紹介しながら、管理職がチームの仕事をより大きく展開するためのリーダーシップ、特に横方向へのリーダーシップについて述べていきます。

リーダーシップとは影響力のこと
～影響力を構成する4つの要素

リーダーシップを強化していくためには、その本質である影響力がどのような要素で構成されているかを理解することが必要です。

ＮＰＯ法人サーバント・リーダーシップ協会理事長で株式会社レアリゼ代表取締役社長の真田茂人氏は、リーダーシップは影響力であるとした上で、仕事における影響力の源泉として「能力」と「人間性」の2つをあげています。

「人が他人を『信頼』するには2つの理由があります。相手の『能力』と『人間性』です。つまりリーダーシップとは、『能力』と『人間性』という2つの資質から発生している影響力のことです。（中略）リーダーシップを強化するには、『能力』と『人間性』を磨いていくしかありません」（『奉仕するリーダーが成果を上げる！　サーバント・リーダーシップ実践講座』真田茂人著、中央経済社、２０１２より）

ここでの「能力」とは、専門性や思考力、実践力や創造力など仕事で結果を出すための業

図表6－3　影響力の構成要素

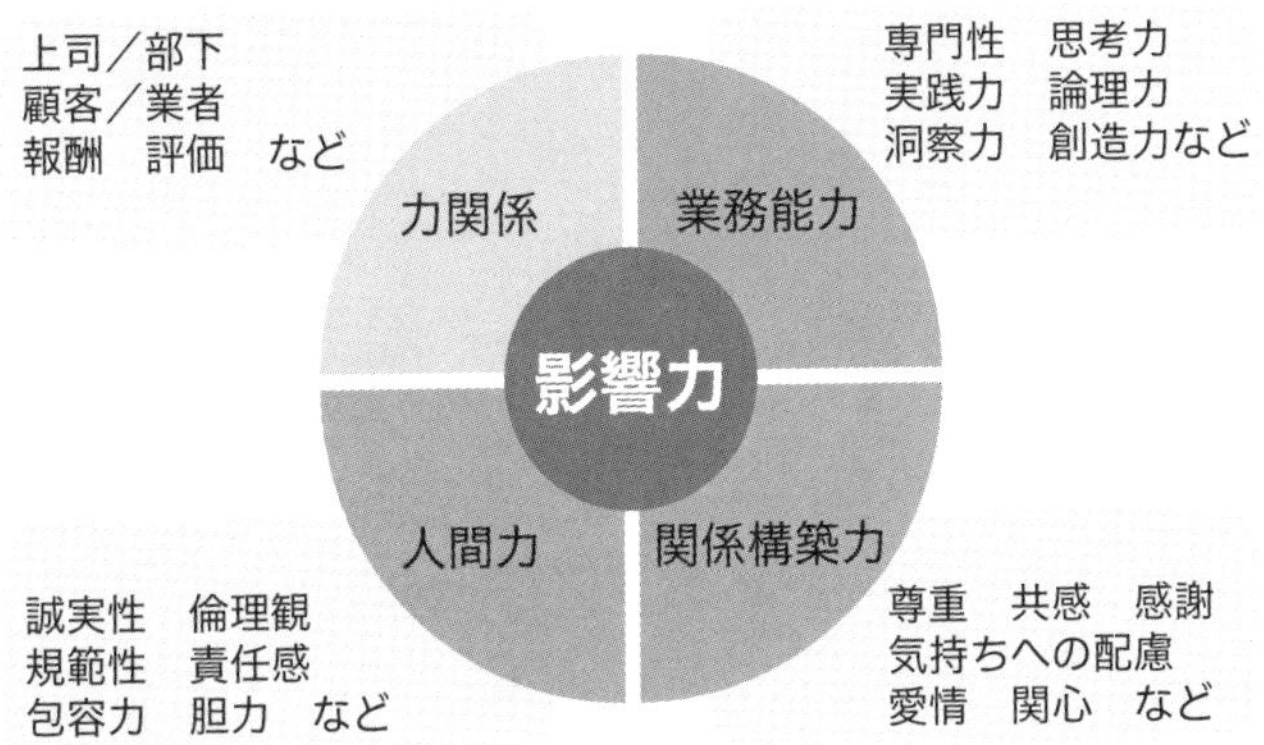

（出所）真田茂人著『奉仕するリーダーが成果を上げる！　サーバント・リーダーシップ実践講座』（中央経済社、2012）を参考に著者作成

務能力のことです。「人間性」とは、相手への愛情や信頼・尊重に基づき「良好な人間関係を築く力」と、誠実性や倫理観、規範性や責任感などの「人としての在り方」のことです。

この考え方を参考に、仕事における影響力を「業務能力」「関係構築力」「人間力」といった個人の特性に関する3つの要素と、上司／部下などの「力関係」という組織的な特性の、合計4つの要素で構成されていると考えることにします（図表6－3）。

この先、それぞれの要素の特徴を整理しながら、リーダーシップを発揮するための影響力を高めるために、自律型スペシャリストとして、どの要素をどのように強化していくべきかを述べていきます。

重要な属人的要素〜「業務能力」「関係構築力」「人間力」

影響力を構成する1つ目の要素は「業務能力」です。

自分が高い業務能力で仕事をして結果を出していると、周りの人から信頼感を得ることができます。人は信頼できる人の話には耳を傾けてくれ、協力依頼も前向きに受け入れてもらえる可能性が高くなります。これが業務能力という要素が生む信頼感によって影響力を発揮している状態です。

逆に、業務能力に欠けて仕事ぶりも冴えなければ、喜んで協力してくれる人はいません。仕事ができる上司や先輩の言うことには素直に従おうという気持ちになるのに対して、できない上司や先輩の言うことには従う気になれないのは、業務能力が影響力の構成要素として働いているからです。

影響力を構成する2つ目の要素は「関係構築力」です。これは、相手が自分に対してどのような態度で接しているか、それによってどのような関係性が築かれているかということです。

自分の話をよく聞いてくれる、悩んでいる自分を心配してくれる、困っている自分を助けてくれる——このように自分に対して好意的に接してくれる人とは、もっと関係を深めたいという気持ちになります。同時に、自分も相手の力になりたいと思います。

反対に、自分の話に耳を傾けず、意見を言っても否定と批判ばかり、上から目線で偉そうに主張する——このように接してくる人とは距離を置きたいと思うようになりますし、相手のために何かしようとも思いません。

このように、良好な関係を築く力のある人は人の協力を得やすくなります。これが、「関係構築力」が影響力の要素として働いている状態です。

ただ、注意しなければならないのは、自分に好意的に接しているように見えても、その裏に狡猾な貸し借り勘定の気持ちや、自分を支配しようとする気持ちが透けて見えたときには、一瞬で逆効果になります。「関係構築力」はあくまでも、相手に対する尊重の気持ちが根底になければなりません。

影響力を構成する3つ目の要素は「人間力」です。これは、誠実性や倫理観、責任感や腹のくくり方（胆力）などの人としての在り方のことです。

常に高い倫理観で誠実な判断を下す人や、たとえ自分の立場が悪くなろうとも逃げずに責任を引き受けようとする人は、人として信頼できると感じます。信頼できる人から頼まれれば、「あなたの言うことなら」と喜んで協力する気持ちになるでしょう。

反対に、顧客やチームを傷つけてまで自分の利益を図ろうとする人や、失敗を人のせいにして逃げようとする人は信頼できません。協力されても、「誰があなたなんかに」と拒否したくなります。

私も、かつて、仕事ができて優しく接してくれていた先輩が、露骨に責任逃れをしようとしている姿を見てしまったとき、「この人は信頼できない」と１８０度考えをあらためた経験があります。

影響力を構成する４つ目の要素は「力関係」です。「業務能力」「関係構築力」「人間力」が、いずれも、その人の属人的な特性であるのに対して、「力関係」は組織や社会などの外的要因で成り立っているものです。

上司／部下、先輩／後輩、顧客／業者、親会社／子会社などの関係がこれに相当し、力関係で上位にある人は、報酬や評価、仕事の発注権などを背景に影響力を発揮しやすくなります。

ただし、「上司の指示だからやれ」「客の言うことだから聞け」などの「力関係」に頼った威圧的な働きかけに対しては、人は嫌々ながら従うかもしれませんが、それは信頼関係のない一時的なものであるため、立場が変わればその効力は失われます。

リーダーシップの定義としての「喜んで協力しようとする影響力」という点から考えた場合は、この４つ目の要素である「力関係」だけで人を動かそうとすることは、単なる権限行使であってリーダーシップとは呼べません。しかし、実際の仕事では、どうしても納得しない部下に対して、管理職権限を行使せざるを得ない場面もありますので、あえて影響力の構成要素の１つとしてあげています。

スペシャリストがついていくのは スペシャリスト

リーダーシップの本質である「影響力」を構成する４つの要素を踏まえた上で、どのようにすれば高い専門性を持った部下や他部門の人たちに対してリーダーシップを発揮できるかを考えていきます。

私はこれまで、優秀なスペシャリストとたくさん出会ってきました。彼らと一緒に仕事をした経験から言えることは、自律心の高いスペシャリストほど卓越した専門性を持っているスペシャリストに憧れ、少しでもその水準に近づこうと努力するということです。専門能力を高めることがスペシャリストとしての価値を高めることを知っており、そのために、自分よりも高い専門性を持っている人と一緒に仕事をすることで成長したいという思いを持っているのです。

したがって、「力関係」を除く影響力の3つの要素、「業務能力」「関係構築力」「人間力」のうち、専門能力を高めたいと思っているスペシャリストに対して最も強い影響を与える要素は、「業務能力」、特に専門性の高さです。

ガツガツしたスペシャリスト志向のメンバーに対しては、高いレベルの専門性を発揮して仕事をしている自分の姿を見せつけることが、彼らの信頼を得るために最も効果的な方法です。外資系企業のマネジャーがプレーヤーとしての立場を死守しようとするのは、リーダーシップを発揮するためにメンバーの信頼を得ることが必要だからでもあります。

力関係がフラットな横方向のリーダーシップについても、「業務能力」は大きな役割を果たします。利害関係がないからこそ、双方の利益になるwin-winの協力関係を築くことが大切であり、そのためには、相手に力を借りるだけでなく、自分も相手の役に立つような専門性を提供することが必要なのです。

繰り返して述べてきたように、専門性が多様化、細分化している時代です。能力の相互補完によってより大きな成果を出すことが求められている以上、一緒に働きたいと思うのは自分にない専門性を提供してくれる人です。ジャングルの中でサバイバル状態にあるとき、あと一人メンバーを選べるとしたら、いい人だが自分では何もできない人よりも、いやなやつだが食料調達能力のある人を選ぶのと同じです。

専門性を基準として人材価値が再評価されようとしているスペシャリストの時代に強いリーダーシップを発揮していくためには、管理職としての肩書きに頼ろうとせずに、専門性に裏打ちされた「業務能力」を高め続けていくことが大切です。

「あなたの頼みなら断れない」と言われるリーダーシップ

深海調査船開発の仕事の合間に、岡山県の造船工場へ２週間ほど出張したことがあります。

建造中の海洋石油掘削リグのある部分の強度計算の応援でしたが、本社での設計と違って、建造現場の人たちの話を聞きながら進めていかなければならない仕事でした。

忙しく働いている面識のない現場の人たちに時間を割いてくれるようにお願いしなければならないのですが、根が小心者の私は気が重く感じていました。そのようなとき、現場リーダーの山形さん（仮名）という方が、関係者全員に話をつけてくれたのです。おかげで、現場目線の必要な情報をあっという間に手にすることができました。

そのとき、行く先々で対応してくれた人たちが口にしたのが、「山さんの話やったら断るわけにはいかんわな」という言葉です。実は山形さんは、建造工程で起きた様々な困難をこれまで何度も解決してきた、知る人ぞ知るその道のエキスパートだったのです。誰もが尊敬している山形さんの頼みなら無条件で引き受けるというのです。これが、専門性をベースとした技術屋同士の信頼関係に基づく山形さんの横方向へのリーダーシップです。

ちなみに、ゼネラリストがリーダーシップを発揮しようとしても、専門性を自ら価値転換できる力を身につけてきた自律型スペシャリストたちから「あの人は専門的なことは理解できないから」と思われたら、よほど卓越したビジネスセンスを発揮して、成果を大きく価値転換する力がなければ苦労するでしょう。

能力の高い人が陥る対比誤差のワナとは？

スペシャリストのリーダーシップにとって、高い専門性が大きな役割を果たすことは間違いありませんが、特に管理職はそこにある落とし穴の存在を知っておくことが必要です。すなわち、部下や他部門の人たちに対して、「なぜこんなことができないのだ」と思ってしまうことです。これは、高い能力を持った自分を基準として人を見ることで起きる「対比誤差」と呼ばれる心理反応です。

対比誤差の存在は、部下の業績評価に際して上司が自覚しておくべきことの1つでもあります。たとえば自分が英会話に自信があれば部下の英会話力を厳しく評価しがちで、逆に英会話に自信がなければ部下の英会話力を甘く評価しがちです。これをわかった上で、できる限りバイアスのないように評価しなければならないのです。

私が証券会社で管理職になったとき、かつての上司からこのようなアドバイスをもらったことがあります。「自分ができるからといって、部下もできるとは思うな。ましてや、できないことに腹を立ててはいけない。部下ができない仕事をできるようにするのが君の役割なのだから」。まさに、課長に昇格したことに浮かれて対比誤差に陥ろうとしていた私を見ていた元上司の、実にタイムリーなアドバイスでした。

知らないところで「何を偉そうに」と言われている

自分が対比誤差のワナに陥っていることに気づいていないと、どれだけ専門能力が高くても周りの人たちとの良好な関係を築くことができません。特に怖いのは、上下関係のない他部門の人たちに対して、「なぜ、こんなことがわからないのか」「これぐらい知っておいてほしいな」「最低限の知識もないのか」という思いを顔に出してしまうことです。仕事も専門性も違うのだから知らなくて当たり前なのですが、自分基準で知っていて当たり前だと勘違いしてしまうのです。

相手にもプライドがありますから「何を偉そうに」と思われ、疎んじられてしまいます。これでは、横のリーダーシップを発揮することなどできません。

対比誤差のワナに陥らないためには、まず、対比誤差という心理反応の存在を知っておくことです。そして、自分もできないこと、知らないことがたくさんあることを自覚し、謙虚な姿勢で人と接することです。専門能力に自信があればあるほど、影響力を構成する２つ目の要素である「関係構築力」に神経をとがらせる必要があります。

造船工場の山形さんも実に謙虚な方でした。周りの人が教えてくれるまで、それほど凄い人だとはまったくわからなかったのですから。「業務能力が高いのに謙虚な人」というのは、人に強い信頼感を与えることで、より一段と影響力を高めます。その結果、良好な関係のもとでより高いレベルのリーダーシップを発揮することができるのです。

継続的な成果に不可欠な関係性のマネジメント

影響力を構成する２つ目の要素「関係構築力」は、単に影響力を高めるだけでなく、組織が継続的に成果を出すための重要な役割を果たします。この点に関連して、米国ＭＩＴ（マサチューセッツ工科大学）のダニエル・Ｈ・キム博士は「成功の循環」という考え方を提唱しています。

キム博士の主な主張は次の2点です（図表6－4参照）。

①組織の活動においては、「関係の質」「思考の質」「行動の質」「結果の質」という4つの要素が、それぞれに影響を与えながら循環している。

②「結果の質」を継続的に良好なものとする鍵は、「関係の質」を良好に保つことである。

キム博士が、特に重視している「良好な関係の質」とは、組織内のメンバーにお互いを尊重して協力し合える信頼関係があるということです。そのような組織では誰もが安心して自由に発言できるため、多面的な視点から様々な発想が生まれて「思考の質」が高まります。その結果、より良い行動計画が策定されたり、主体的な行動や相互の協力が生まれるなど「行動の質」が高まります。

そのような組織は結果を出しやすくなるため、私たちが最終的に目指している「結果の質」が高まっていきます。さらに、結果が出ることで一段と「関係の質」が高まり、「成功の循環」にプラスのスパイラルが発生します。

万一、結果が出なかったとしても「関係の質」が良好であれば、このメンバーで再びチャレンジしようという気持ちになります。良好な水準に保たれている「思考の質」「行動の質」によっていずれ結果が出ることになり、再びプラスのスパイラルに入ります。

これに対して、「関係の質」が不健全である場合はどうなるでしょうか。

図表6－4　成果を出し続ける「成功の循環」

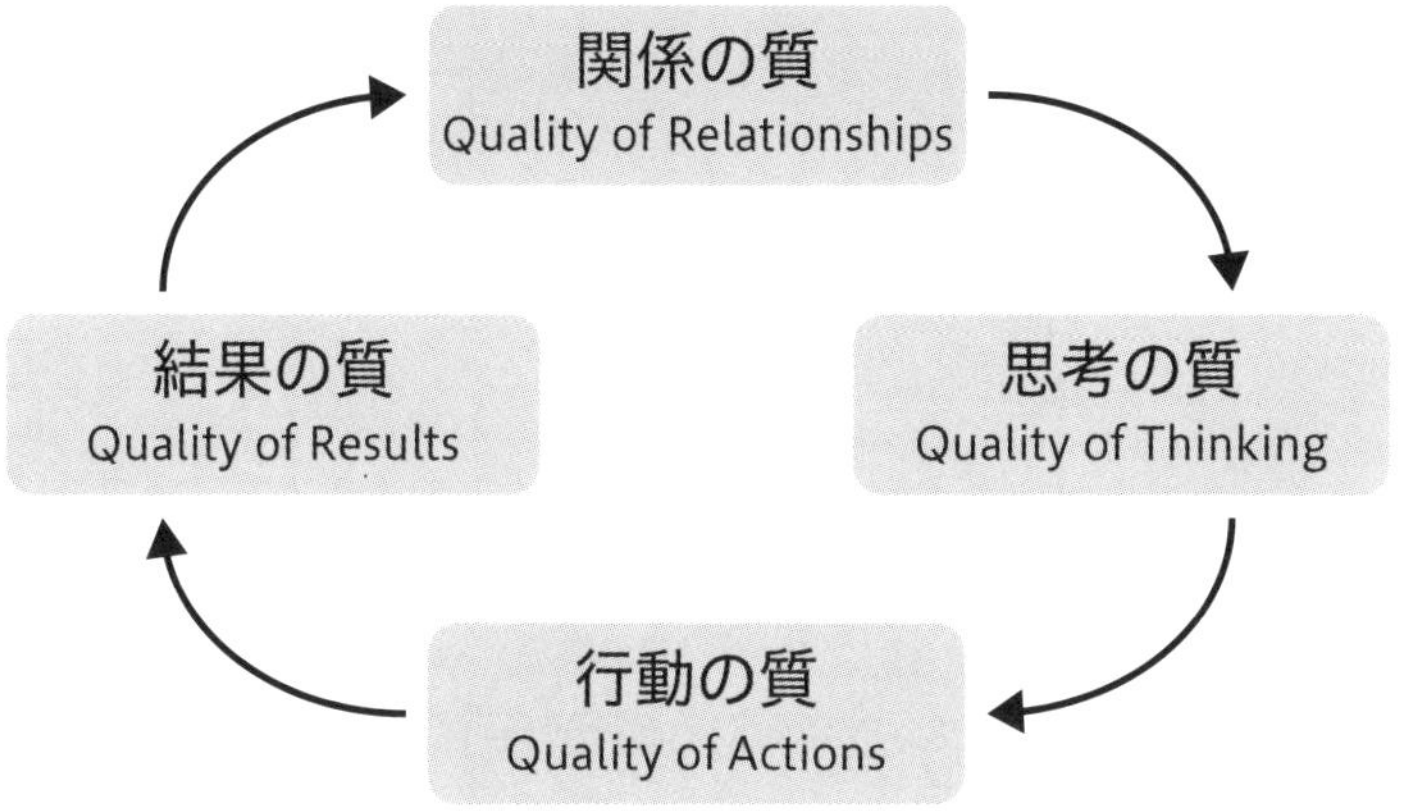

（出所）“Organizing for Learning”（Kim, Daniel H.）より著者作成

　メンバー間に信頼や尊重の気持ちがなく、自分勝手な主張や、批判、非難が蔓延します。創造的な議論はなく協力関係も築けないため、「思考の質」「行動の質」は悪化します。そのような組織に良い仕事ができるわけがなく「結果の質」も悪化します。結果が出ないと、それを他のメンバーのせいにするなどして「関係の質」がさらに悪化し、「成功の循環」にマイナスのスパイラルが発生します。

　このような組織でも、偶然に結果が出る可能性はゼロではありませんが、それは一過性のものであり、すぐにマイナスのスパイラルに戻ってしまいます。

　キム博士の「成功の循環」は、「関係の質」が良好であれば、良い方向へのスパイラルが起きることで継続的に良好な結果を出せること、反対に「関係の質」が不健全であれば、悪い方向へのスパイラルが起きるため継続的に良好な結果を出すことは困難であることを示しています。

私たちの仕事においても、この先、想定外の事態が次々と起きることでしょう。そのようなときほど、既存組織の壁を越えて力を結集できる仲間たちの存在が必要です。それも、お互いを尊重して「成功の循環」を回せるような仲間たちである必要があります。管理職としてそのような状態をつくるために必要なのが、普段から「関係構築力」を発揮しながら「良好な関係の質」を醸成していこうとするリーダーシップです。

リーダーシップという「能力」と、マネジメントという「役割」を混同しない

「リーダーシップ」と混同されやすいものに「マネジメント」があります。管理職としての私たちは、それぞれの定義と両者の間にある関係を明確に理解しておかなければなりませ

ん。

リーダーシップについては、すでに、①自分が実現したいことを打ち出し、②自ら行動することで、③人が喜んで協力しようとする影響力——このように定義しています。リーダーシップを発揮している人が「リーダー」です。

影響力の「力」という文字は、洞察力や行動力と同じ能力であることを示しており、リーダーシップは、誰もが、誰に対しても発揮しうる「能力」です。

これに対して、「マネジメント」は、課長や部長という組織単位の管理職などが担っている「役割」です。すなわち、「マネジメント」とは、目指すゴールに到達するためにチームの成果を最大化させる役割」。マネジメントという役割を担う人が「マネジャー（日本で言う管理職）」です。

マネジメントは単なる仕事やメンバーの管理を意味しているのではなく、より高いレベルでゴールに到達できるような戦略や戦術を策定し、チームのアウトプットを高い生産性で生み出すための推進機能でなくてはなりません。そのために、障害となっている問題を特定して解決すること、メンバーの仕事と成長をサポートすること、関係部署との協力体制を構築することなどが当然の役割として課せられます。生産性の向上を業務プロセスの効率化だけに頼るのではなく、アウトプットの付加価値を高めることで実現することにも注力する必要があります。

　仕事ができると言われるようなマネジャーは、担当分野の仕事を最もよく理解している人として、環境変化をとらえてチームのゴールそのものを進化させていきます。チームの力が最も高く価値転換できるような新しい価値デザインを行い、それを実行するために、上司やその上を動かしていくことにも長けています。

　このようなマネジメントの役割を果たしていくために、マネジャー（管理職）には専門能力、企画力、判断力、問題解決力、コミュニケーション力などのマネジメント能力が必要となります。そして、良質なマネジメントに最も必要とされる能力の1つが、本章で述べている、上下、横方向に対する「リーダーシップ」という影響力なのです。

　リーダーシップは「人が喜んで協力しようとする影響力」ですから、うまく発揮できれば、協力してくれる人たちの仕事への意識やモチベーションを高める効果があります。逆に、リーダーシップが発揮できずに、課長や部長という肩書きを押し立てた「力関係」で人を動かそうとすると、反発を受けたり、嫌々従う面従腹背の集団になってしまいます。その結果、「関係の質」が悪化して「成功の循環」に負のスパイラルが発生します。リーダーシップは誰でも発揮しうる力ですが、少なくともマネジメントを担っている管理職は、必ず発揮しなければならない能力なのです。

このように、マネジメントという「役割」とリーダーシップという「能力」は、そもそも種類の異なるものであるため、同列に比較したり、どちらが重要であるかを議論したりすることはまったく意味がありません。

なお、日本企業でマネジメントとリーダーシップが混同されがちな理由の1つは、「法人営業グループリーダー」や「東関東地区統括リーダー」など、「リーダー」という名前のポジションがあることです。この場合の「リーダー」は「マネジャー」と同じような役割を示しているに過ぎないのですが、あえて「リーダー」という名称をつけているのは、経営者側に、その人にリーダーシップを発揮してもらいたいという思いがあるからでしょう。

しかし、それによって、その人がリーダーシップを発揮してメンバーはただ従えばよいという誤解が生まれ、本来、全員が発揮すべきリーダーシップをリーダー以外の誰も発揮しようとしない、自律心のないチームになってしまいます。

経営者が自律型人材の育成という旗を掲げるのであれば、一人ひとりのメンバーが主体的にリーダーシップを発揮するための意識づけとして、すべての役職名から「リーダー」という言葉を無くすことから始めるべきだと思います。

リーダーとしての評価を一瞬で変える諸刃の剣「人間力」

リーダーシップに必要な影響力の3つ目の構成要素である「人間力」は、「業務能力」や「関係構築力」と相まって影響力全体を増幅する効果を持っています。

一例として、メジャーリーグで圧倒的な成績を残したイチロー選手だからこそ、彼の「人間力」が野球以外の分野のプロにも強い影響を与えたというエピソードを紹介します。

1994年に始まり、最高視聴率34％を叩き出した『古畑任三郎』という人気刑事ドラマがありました。田村正和主演で毎回、木村拓哉、明石家さんま、福山雅治などのそうそうたる顔ぶれが、犯人役でゲスト出演することでも話題になりました。

2006年、メジャーリーグで年間200本安打記録を6年連続に伸ばしたイチロー選手が、オフを利用して本人役で出演したことがあります。『フェアな殺人者』というタイトルの回で、全編ほとんど出ずっぱりで田村正和と丁々発止の駆け引きをやっています。

その時のエピソードについて、脚本を担当していた三谷幸喜氏が、松野大介氏との共著

『三谷幸喜　創作を語る』（講談社、2013）の中で次のように語っています。

最初の顔合わせの時、出演者全員で「本読み」を行った。それぞれが台本を見てセリフを軽く流しながら全体の流れを確認するためのものであり、この段階では棒読みでかまわない。ところが、イチロー選手の登場場面で、彼は台本を閉じて本番さながらに感情を込めてセリフを口にし始めた。すべてのセリフを覚えてきたとのこと。その瞬間、田村正和をはじめとした役者たちの表情が一変し、場が緊張感漂うものに変わった。

当のイチロー選手は、「自分はド素人なので、これくらい準備してこないとみなさんに申し訳ないから」とのことだったそうですが、どのような仕事でも徹底的に準備をして真剣に取り組む人としての姿勢が、本職の役者たちを本気にさせたのです。

リーダーシップにおける影響力の3番目の構成要素「人間力」は、単独ではなく、高い「業務能力」を背景として生きてきます。もし、実績のない無名の新人役者が「本読み」でイチロー選手と同じ行動をとったとしたら、周りの反応は別のものになっていたと思います。せいぜい「やる気あるな」ぐらいで、もしかしたら「はいはい、最初は抑えて抑えて」とたしなめられていたかもしれません。

場に緊張感が走ったのは、超一流の野球人として結果を残しているイチロー選手だからこそです。人は、どのような人間力かよりも誰の人間力かを見ており、「誰の」の基準は成してきた実績です。

実績があるほど人としての姿勢に気をつける

　実績がありステータスの高い人ほど、「あれだけの人なのに、実に謙虚で誠実だ」などと、「人間力」の効果が増幅されていきます。怖いのは、その逆も起こりうるということです。もし、イチロー選手が演技を軽んじて不真面目な姿勢で「本読み」に参加していたとしたら、「野球は一流かもしれないが人としてはどうかね」といった見方が、ネガティブな方向に増幅されてしまいます。

　このように、「業務能力」が高くて実績を出してきた人ほど、人としての姿勢が現れる一挙手一投足が印象を良くも悪くも増幅させてしまいます。「人間力」などの面倒くさいことはどうでもよく、「業務能力」で勝負しているからそれでいいではないかと思っても、こと、リーダーシップに関しては周りはそう思ってはくれないのです。

　イチロー選手が多くのメジャーリーガーたちから尊敬され愛されてきたのは、卓越した実績を出した「業務能力」だけでなく、すべてのことに真摯で誠実に取り組む姿勢が「人間力」として人を引きつけてきたからです。

シアトル・マリナーズの元同僚のディー・ゴードン選手が「僕は彼にとても影響を受けている。すべてにおいて尊敬している。プロフェッショナルであり続けるとはどういうことか、彼を見ていれば理解できる」と語っています。引退を決めたイチロー選手に対して、ゴードン選手が、地元の「シアトル・タイムズ」紙に「THANK YOU, ICHIRO」の全面広告を個人負担で掲載したことが、全メジャーリーガーの気持ちを代弁しているのではないでしょうか。

いくら専門性を高めたスペシャリストでも、仕事はできるかもしれないが、大事な局面で責任をとらずに逃げるような、人間力のない人とは一緒に仕事をしたくありません。「人間力」単独でリーダーシップを発揮できる可能性は高くありませんが、人間力はリーダーシップにとって、良くも悪くも切れ味の鋭い諸刃の剣であり、それをおろそかにしていると思わぬ倍返しを受けることになります。

人として成長するための人的環境のスクラップ&ビルド

「人間力」は、誠実さ、謙虚さ、逃げない姿勢、責任をとる姿勢など、人としての在り方です。では、どのようにすれば人間力を磨くことができるのでしょうか。

「人は人によって磨かれる」と言います。「ダイヤを磨くことができるのはダイヤだけ」とも言われます。自分が磨かれていくためには、上質な人との出会いや交流の機会を増やすことが効果的です。ここで言う「上質な人」の意味は、所属や役職ではなく、「人として学べるところがある人」です。上下関係や年齢、社内・社外を問わずに、軸のぶれない人生観や仕事観を実際に体現している人たちです。

私たちは、上質な人と交流する機会を増やすことで人として成長することができます。そのためには、自分の周りの人的環境を、より良いものへとスクラップ&ビルドしていくことが必要です。

信頼できる仲間と紹介の輪をつくる

上質な人との交流の機会をつくる最も確実な方法は人からの紹介です。紹介の裏には人と人との間に「信頼の移転」があるからです。

たとえば、あなたとの間に信頼関係のあるAさんという友人がいるとします。もし、あなたがBさんという友人との間にも信頼関係を築いていれば、あなたはAさんとBさんの2人を安心して引き合わせることができるでしょう。Aさんは、「あなたの紹介ならBさんは間違いのない人」、Bさんも「あなたの紹介ならAさんは間違いのない人」ということで紹介の場に赴くことを了承します。面識のない2人の間に、あなたを経由した信頼の移転が起きているのです。

もし、あなたがBさんを信頼していなければ、大切なAさんと引き合わせることなどできません。うかつにやってしまうと、Aさんから「なに、あの訳のわからない人」と言われて、あなたに対する信頼が傷つくからです。

このように、「紹介」の原則は、自分が信頼している人同士に新たな接点をつくることです。だからこそ、両者にとって意味のある出会いとなる可能性が高くなるのです。

上質の人的環境を持っている人たちには、「紹介」によって信頼できる人との交流機会を広めていくような暗黙裏の仲間の輪があります。ただし、「この人の紹介なら間違いない」という信頼関係を絶対に毀損することがないよう、人選には極めて慎重になります。

私も信頼できる友人の紹介によって良き出会いを経験したことがあります。

学生時代に吹奏楽をやっていたこともあり、ある高校吹奏楽部の顧問の先生にずっと興味がありました。高校バンドの最高峰の１つである市立習志野高校の石津谷治法先生です。

同校は全日本吹奏楽コンクールの金賞常連校で、２００名を超える部員による甲子園球場での応援が「美爆音」として話題にもなりました。テレビをはじめとしたメディアに何度も登場している名物顧問の石津谷先生が、どのようにしてあれほどの演奏水準を維持しているのか、一度お会いして聞いてみたいと思っていたのです。

そのような話を周りにしていると、友人の一人が偶然にも習志野高校の出身だとわかりました。そこで、「何とかならないか」とダメ元で頼んでみたところ、剣道部時代の先輩を介して石津谷先生に話を伝えてくれ、夕食会をセットしてくれました。

吹奏楽の話で大いに盛り上がりながら、部活の運営や生徒指導などについて貴重な話をたくさん聞かせていただくことができました。特に、「生徒を信じて任せる」「明るい雰囲気で笑顔のある部活を」「一人ひとりが自分で考えて意見を言い、行動できる人に」などは、私たちのマネジメントにも通じるものです。

後日、同校で練習の場を見学させていただきましたが、生徒たちが石津谷先生の言葉通りに笑顔で主体的に行動している姿が印象的でした。一部の強豪校に見られる顧問の絶対的な支配とは正反対の、生徒たちの自律心が育まれるような環境だと感じました。おそらく、先生自身が率先して、あるべき姿を示しておられるのでしょう。

仕事は違っても、メンバーの自律性を引き出しながら成果を出し続けている人間力という点で、石津谷先生との出会いは大切な学びの機会となりました。

このような出会いも、30年来の付き合いになる友人と私との間に、友人と剣道部の先輩との間に、さらに先輩と石津谷先生との間にある信頼関係が順番に移転することで実現したものです。

人間力に限らず、リーダーシップを発揮するための様々な要素は直接人から学ぶことができます。貸し借りといった損得勘定ではなく、機会があればいつでも応援したいと、お互いが思うような信頼関係の輪をつくること。さらに、「紹介」という最強のツールで人的環境を向上させていくこと。それらが、仕事だけでなく豊かな人生のための大切な人との出会いを増やしてくれます。

同時に、信頼関係を築けない人とは距離を置くことも大切です。楽しくない飲み会の誘いや気乗りしない頼まれごとを断る勇気も必要です。そのために悪口を言われたとしても、不良債権を処理して身軽になったと思えばよいのです。

将来の年収を占う「ランチの法則」

米国企業に勤めていたとき、情報交換のためによく社外の人とランチをとっていました。他の同僚たちも同じようにランチ時間を有効に使っていたのですが、そのことに関して仲間内で冗談半分に盛り上がっていた話があります。

「自分の将来の年収は、一緒にランチをとっている人たちの年収の平均値に収束していく」というものです。つまり、自分より年収の高い人たちとランチをとっていれば、いずれ自分の年収もその人たちのレベルに上がっていくし、逆に、自分より低い人たちとばかりランチをとっていれば、いずれ自分の年収もそのレベルに下がっていくというものです。

前者の場合は、自分より年収が上の人、つまり市場価値の高い人たちからたくさんのものを得ることができます。さらに、彼らが忙しい時間を割いてランチを付き合うに値する自分であるように、自分に磨きをかけようと努力します。その結果、ビジネスパーソンとして成長して、年収も彼らの水準に近づいていく――こういう理屈です。

反対に、自分より年収の低い人、つまり市場評価が下の人としか付き合えないようであれば、それは自分に魅力がないことの裏返しであり、仕事でたいした成果を出せずに周りの人ほど年収も伸びず、徐々に彼らと同じ水準に落ち着いてしまうのです。

大笑いしながら語り合っていた話ですが、上質の人的環境をつくるという点からは一理あります。上質な人的環境を整えようとしたら、まず自分が上質な人間であるように心がけることです。

究極のリーダーシップはプロフェッショナリズムを見せつけること

「部下に主体性がない」というのは、研修や講演の場でよく耳にする管理職の方々の悩みです。言われたことしかやろうとしない、自ら何も提案してこない、リスクをとろうとしないなど、他の受講者の共感を呼んでいます。

あるとき、そうこぼしている課長の皆さんの上司の部長さんたちと話す機会がありました。

そこで出てきたのが、「うちの課長は主体性がない」という言葉です。部下の主体性のなさを嘆いている課長さんたち自身が、上司から主体性がないと嘆かれているのです。もしそれが事実であれば、そのような課長の姿を見ている部下の主体性がないというのもわかります。

人は相手が何を言っているかではなく、相手が何をしているかを見ています。言葉と行動が一致していない人がリーダーシップを発揮しようとしても、「あの人は口だけだから」と言われておしまいです。リーダーシップという影響力の３つの要素「業務能力」「関係構築力」「人間力」は、すべて行動を通して示していく必要があるのです。

洋菓子界の第一人者・辻口博啓氏は、１９９７年、パティシエのワールドカップとも言われる「クープ・ド・モンド・ドゥ・ラ・パティスリー」のあめ細工部門で優勝し、一流パティシエの地位を不動のものとします。さらに２０１３年、チョコレートの世界的祭典サロン・デュ・ショコラ・パリにおけるC.C.C.（ショコラ愛好家の会）品評会で最高位（金賞に相当）を獲得します。パティシエとして、ショコラティエとして、世界的に有名な２つのタイトルを手にしたのです。

しかし、辻口氏は、その後も毎年C.C.C.品評会に挑戦し続けています。すでに、金賞をとってしまったので、良くて金賞をとり続けること、悪ければ銀賞、銅賞へと陥落する可能性があるにもかかわらずです。そのようなリスクを冒してまで、なぜ毎年チャレンジし続けるのかというと、「店のスタッフの育成のため」だそうです。

自ら挑戦し続ける姿を見せることで、スタッフにも挑戦する勇気を持ってほしいとのこと。たしかに、口で「挑戦しろ」と言うよりも、自分の姿を見せた方が何倍もの効果があります。「負けたって死ぬわけではない」と言いながら連続で金賞をとり続け、２０１９年には、「C.C.が出会った最高のショコラティエ　ベスト　オブ　ベスト　アワード」を受賞します。

どれだけ高みに登っても、挑戦を続けてさらなる高みを目指す。これこそがプロフェッショナリズム（プロ意識）です。

人の行動には、「業務能力」「関係構築力」「人間力」という影響力の要素が色濃く反映されます。「無条件に、この人と一緒に仕事をしたい！」と思ってもらえるような力強いリーダーシップを発揮している人たちは、例外なく高いプロフェッショナリズムで行動している人たちです。

おわりに

日本の若者の中にも起業をする人たちが増えてきています。他の国と比べて起業家マインドに乏しいと言われてきた日本に、そのような活力ある人たちが増えていくのは喜ばしいことです。

一方で、企業で働くことにも大きな魅力と喜びがあります。組織に精神的に依存してしまうことが問題なのであって、本書で述べたように個人企業のＣＥＯとしての意識で組織と関わることで、自律したビジネスパーソンとしての価値提供の場とすることができるのです。一人ではできない大きな仕事に、仲間と力を合わせて挑戦する醍醐味もあります。その過程で、人材としての市場価値を高めていくための経験と学習の機会を得ることも可能です。

私が大学を卒業して就職した三井造船（現三井Ｅ＆Ｓ造船）には、世界ナンバーワンの日本の造船業をつくりあげてきた、最高の技術水準を有する優秀な先輩がたくさんいました。誇りを持って創造的な仕事をしている方々と一緒に働くことで、私は、仕事のやりがいと喜び、社会的な意義と責任という大切なことを学びました。

日興證券（現ＳＭＢＣ日興証券）では、バブル経済の崩壊や東西冷戦の終結など、政治や経済が大きく変動する中で、新しい技術で投資の概念を変えていくという仕事のダイナミズムを、さらに管理職としての組織マネジメントを学びます。ラッセル・インベストメントではグローバルな視点からビジネスを見ながら、米国企業のスピード感や意思決定力、グローバルに通用する一流のエグゼクティブたちのマネジメント力とリーダーシップを学びます。管理職として高い視座でものを考え、仲間とともに目標に向かって歩んできた経験は、すべてにおいて未熟であった私を大きく成長させてくれました。

私は、これまで勤めてきたどの会社に対しても、世の中に影響を与える最先端の仕事に挑戦する機会と、人として成長する機会を与えてくれたことに心から感謝しています。いま還暦を過ぎても、人材開発の現場でプレーヤーとして仕事を続けることができているのも、このような会社で働いた経験があってのことです。

最近、同年代の人たちから「いつ引退するの？」と聞かれることが多くなってきました。そのときにはこう答えています。「好きで得意なことを価値転換できなくなったとき」

幸いにも、これまでずっとそれが実現できており、この先も、私が提供するものを価値として受け取ってくださる方がいる限り、年齢に関係なく仕事を続けようと思っています。

もし、いまの仕事がうまくいかなくなったとしても、おそらく、何度目かの専門性のスクラップ＆ビルドに挑戦して、好きで得意なことを価値転換できるものを探しているのではないかと思います。

世の中が大きく変わろうとしているときは、自分を大きく変えるチャンスでもあります。雇用システムがジョブ型へ変わろうとも、黒字リストラが拡大していこうとも、仕事の環境がリモートになろうとも、年齢がいくつであろうが、いま、どこでどのような仕事をしていようが、私たちには自分を成長させていく力があります。その力がある限り、私たちは人生100年時代を、豊かな可能性とともに生きていけるのではないでしょうか。

最後に、本書で事例として紹介させていただいた方々をはじめとして、仕事を通じて私の人生に良き影響を与えてくださったすべての方々に、この場を借りて御礼申し上げます。

そして、この本を手にとって最後まで読んでくださったあなたに、心より感謝いたします。本書が、この時代を共に生きるあなたが、自分らしいキャリアを自律的に形成していくための一助となれば幸いです。

2021年　3月

櫻田　毅

参考文献

『ＡＩ vs. 教科書が読めない子どもたち』新井紀子（東洋経済新報社）２０１８

『Organizing for Learning』Kim, Daniel H.（Pegasus Communications, Inc.）２００１

『賢く生きるより　辛抱強いバカになれ』稲盛和夫、山中伸弥（朝日新聞出版）２０１７

『サイバーエージェント　突き抜けたリーダーが育つしくみ』上阪徹（日本能率協会マネジメントセンター）２０２０

『「仕事ができる」とはどういうことか？』楠木建、山口周（宝島社）２０１９

『勝負心』渡辺明（文藝春秋）２０１３

『その幸運は偶然ではないんです！』Ｊ・Ｄ・クランボルツ、Ａ・Ｓ・レヴィン、（訳）花田光世、大木紀子、宮地夕紀子（ダイヤモンド社）２００５

『できない脳ほど自信過剰　パテカトルの万脳薬』池谷裕二（朝日新聞出版）２０１７

『トップ１％の人だけが実践している思考の法則』永田豊志（かんき出版）２０１２

『２０３０年の第４次産業革命　デジタル化する社会とビジネスの未来予測』尾木蔵人（東洋経済新報社）２０２０

『ニューエリート　グーグル流・新しい価値を生み出し世界を変える人たち』ピョートル・フェリクス・グジバチ（大和書房）２０１８

『How Google Works 私たちの働き方とマネジメント』エリック・シュミット、ジョナサン・ローゼンバーグ、アラン・イーグル、（訳）土方奈美（日本経済新聞出版社）２０１４

『林修の仕事原論』林修（青春出版社）２０１４

『パラダイムの魔力　新装版』ジョエル・バーカー、（訳）仁平和夫（日経ＢＰ社）２０１４

『奉仕するリーダーが成果を上げる！　サーバント・リーダーシップ実践講座』真田茂人（中央経済社）２０１２

『三谷幸喜　創作を語る』三谷幸喜、松野大介（講談社）２０１３

『予測ビジネスで儲ける人びと　すべての予測は予測はずれに終わる』ウィリアム・シャーデン、（訳）森孝恵（ダイヤモンド社）１９９９

『令和元年度　情報通信メディアの利用時間と情報行動に関する調査報告書』総務省情報通信政策研究所

『ワーク・シフト』リンダ・グラットン、（訳）池村千秋（プレジデント社）２０１２

【著者紹介】
櫻田　毅（さくらだ　たけし）
人材活性ビジネスコーチ／アークス&コーチング代表
九州大学大学院工学研究科修了後、三井造船（当時）で深海調査船の開発に従事。日興證券（当時）での投資開発課長、投資技術研究室長などを経て、米系資産運用会社ラッセル・インベストメントで資産運用コンサルティング部長。その後、執行役COO（最高執行責任者）として米国人CEO（最高経営責任者）と共に経営に携わる。2010年に独立後、研修や講演などを通じて、これまで1万人以上のビジネスパーソンの成長支援に関わる。日本投資顧問業協会、日本証券アナリスト協会などの委員を歴任。「全国・講師オーディション2013」にて3位。主な著書に『管理職1年目の教科書』（東洋経済新報社）、『外資系エグゼクティブの逆転思考マネジメント』（ぱる出版）がある。
【櫻田毅公式サイト】https://arcscoach.com/
【メールマガジン】櫻田毅の人材価値向上講座
https://www.mag2.com/m/0001694269

管理職3年目の教科書
マネジャー不要時代のリーダー論

2021年4月29日発行

著　者――櫻田　毅
発行者――駒橋憲一
発行所――東洋経済新報社
〒103-8345　東京都中央区日本橋本石町 1-2-1
電話＝東洋経済コールセンター　03(6386)1040
https://toyokeizai.net/

装　丁…………石間　淳
D T P…………アイシーエム
印刷・製本……丸井工文社
編集担当………岡田光司

Printed in Japan　ISBN 978-4-492-55798-3